复制销冠

人人都可以成为销售冠军

钟华 ◎ 著

中华工商联合出版社

图书在版编目(CIP)数据

复制销冠：人人都可以成为销售冠军 / 钟华著.
北京：中华工商联合出版社, 2025.7. -- ISBN 978-7
-5158-4346-9

Ⅰ.F713.3

中国国家版本馆 CIP 数据核字第 20254RD531 号

复制销冠：人人都可以成为销售冠军

作　　者：	钟　华
出 品 人：	刘　刚
责任编辑：	胡小英
装帧设计：	金　刚
排版设计：	水京方设计
责任审读：	付德华
责任印制：	陈德松
出版发行：	中华工商联合出版社有限责任公司
印　　刷：	文畅阁印刷有限公司
版　　次：	2025 年 7 月第 1 版
印　　次：	2025 年 8 月第 1 次印刷
开　　本：	880毫米×1230毫米　1/32
字　　数：	160 千字
印　　张：	7.75
书　　号：	ISBN 978-7-5158-4346-9
定　　价：	68.00 元

服务热线：010－58301130－0（前台）
销售热线：010－58302977（网店部）
　　　　　010－58302166（门店部）
　　　　　010－58302837（馆配部、新媒体部）
　　　　　010－58302813（团购部）
地址邮编：北京市西城区西环广场 A 座
　　　　　19－20 层，100044
http://www.chgslcbs.cn
投稿热线：010－58302907（总编室）
投稿邮箱：1621239583@qq.com

工商联版图书
版权所有　侵权必究

凡本社图书出现印装质量问题，请与印务部联系。

联系电话：010－58302915

推荐序 1
Recommendation 1

揭秘 4680 万销冠的诞生

我们公司的销冠一年的业绩为 4680 万！一个销冠顶 20 个普通销售——这句话在我们公司得到了验证，销冠记录还在被刷新，今年剑指一个亿。

我和钟华老师结识于 2020 年，当时，她在朋友圈发布了一张销冠复制太极八卦图，一看到这张销冠图，我当时就认定钟华老师绝对能匹配上实战、实效、系统这几个词！因此，我邀请钟华老师给我们公司做销售培训，至今累计超过千人销售受益于钟华老师的实战销冠复制法，尤其是三大心法与三大思维给每一位销售员都带来了脱胎换骨的改变！

钟老师是高手，她不仅懂营销战略与管理，还懂如何去激活销售的原动力，更懂成为销冠

复制销冠
人人都可以成为销售冠军

的底层逻辑与实战干法。

作为销售管理者,只有对销售人才的招、培、管、评、留全系统通透地掌握,才能真正培育出黄金级别的销冠。

我们选择钟华老师的理由——以"高效"一以贯之。

亮点1:钟华老师本人就是上市公司集团千人销冠,她有销冠的实力和气场。

亮点2:钟华老师本书同名课程《复制销冠》,是她学习了全球很多顶尖的销售课程,还得到李践老师亲自指导打磨,并且经过自己100次以上的实践与迭代而成。

亮点3:钟华老师的交付能力强。比如:如何高效找大客户?如何高效邀约?如何高效洞察和传播客户价值?如何打动、感动、触动客户?如何高效成交?如何高效做10大极致服务,这是一个系统工程,环环相扣,步步为营,每一步都直指核心命脉。

亮点4:对培训的学员极致地负责任。我们合作已经5年了,有问题,必有答案、必有方案、必有结果、必有汇报。

我很荣幸我们当初选了《复制销冠》这门训战课程,我们公司因此培养出了很多销冠,也圆了很多年轻人想成为销售冠军的梦想。

《复制销冠》解放了老板,解救了销售,解决了业绩增长的难题,也解除了企业经营的风险!

销售不争气,企业活受气!

销售不花钱,企业没钱花!

推荐序 1
揭秘 4680 万销冠的诞生

仅此为序,希望钟华老师在销冠之路上越走越好,助力1万家企业加速复制销冠,业绩倍增,成就伟大的愿望,也期待更多老板能够有缘接触和走进《复制销冠》,更期待更多销售人能够借由本书实现个人的销冠梦想,成就更多个千万级,乃至亿级的销冠!

广州市军霸建材科技有限公司 董事长　陈积锦

推荐序 2
Recommendation 2

破解销售困局的实战指南

与钟华老师相识近十载,在我心目中,她是务实、积极、勇于挑战的营销高手。2024年,我司邀请钟老师开展"复制销冠"现场培训,反响热烈,课后学以致用,多数销售区域负责人在市场下行压力下实现同期销售业绩30%以上增长,足见"复制销冠"这套体系的实战价值。

《复制销冠》是一本为企业破解销售困局的实战指南!作为原行动教育多年销冠、李践老师精心培育的实战派专家,钟华老师凭借着16年深耕销售领域取得的经验与成就凝练成此书,将业绩增长难题拆解为可复制的系统方法论,从"业绩倍增的顶层设计"到"复制销冠的底层规律",构建起完整体系,直击目标

推荐序 2
破解销售困局的实战指南

制定、新人留存等十大痛点,以"虚实结合定目标""黄金三角管理法"等策略打通增长路径,提炼三大心法、三大思维与八大硬实力,从认知升级到动作落地,让销冠能力可标准化复制。销冠不是偶然,而是掌握底层逻辑后的必然——推荐所有渴望突破业绩瓶颈、打造铁军团队的有智者研读,让增长从"靠运气、关系营销"转变为"价值创新"。

广东西屋康达空调有限公司董事长　蔡湛文

推荐序 3
Recommendation 3

破解业绩增长密码,铸造行业营销铁军

在服务行业深耕多年,我深知其营销之难:专业壁垒高、客户决策慎重、服务体验要求极致,传统的营销思维与方法往往难以奏效。如何打造一支能征善战、持续创造价值的营销铁军,是每一位管理者心头萦绕的核心命题。

医博肛肠连锁高层管理者亲历了钟华老师"复制销冠"课程体系带来的深刻变革:从目标设定的上下同欲,到人才梯队的有效构建;从销售激情的重新点燃,到大客户战略的成功突破;从销售流程的精细化管理,到服务价值的极致塑造。当钟华老师将课程编撰成书,初稿呈现在我面前时,我深感欣喜。因为这不仅是一本销售方法论著作,更是一部破解整个服务行业业绩增长痛点的实战宝典。

推荐序 3
破解业绩增长密码，铸造行业营销铁军

翻阅本书目录及内容，其系统性、针对性和实操性令人赞叹：

上篇直击业绩倍增的"十大痛点"，刀刀见血。从目标无法下沉、人才青黄不接、老将动力不足，到团队士气低迷、产品价值模糊、新客老客开发乏力、管理尺度失衡，乃至老板自身的营销认知瓶颈……每一个痛点，书中都剖析了根源，给出了清晰、可落地的解决方案，为建设可持续增长的营销引擎提供了顶层设计与实施路径。

下篇聚焦"复制销冠"的核心能力，招招实用。书中深刻阐释了销冠必备的底层认知与心法——"种下冠军种子""相信相信的力量""永远付出永远感恩"，这是点燃销售内驱力的火种。尤为珍贵的是，书中提炼的"复制销冠八大硬实力"，将抽象的销售艺术转化为可复制、可执行、可量化的科学步骤。

《复制销冠》的价值，在于它构建了一套完整的"销冠生产线"体系，让管理者懂得如何设计机制、打造文化、赋能组织，让平凡的个体也能在系统中爆发出卓越的能量，从而彻底摆脱对"销售牛人"的依赖，实现团队的规模化、标准化、可持续化成长。

我由衷地向所有渴望突破业绩瓶颈，渴望打造高绩效营销团队，渴望在激烈市场竞争中建立核心优势的管理者、营销负责人，以及一线销售精英推荐此书。它源于实战，归于实效，是值得每一位营销人置于案头、常读常新的行动指南。相信此书的面世，必将助力更多同仁破解业绩增长密码，铸造属于自

己的营销铁军，为客户创造更大价值，为行业发展注入更强动力！

医博肛肠连锁医院总裁　林金厚

自 序
Preface

我的使命：加速企业复制销冠，业绩倍增，成就伟大

从大学毕业至今近 16 年的时间里，我一直深耕于一个行业：企业管理教育咨询。前 8 年的时间从事销售和销售管理工作，扎根于销售一线，从销售小白做到了主板上市公司行动教育①集团销售冠军；后面 3 年负责大财务项目运营工作，项目年收 2000 多万元。我一路参与并见证了老东家从小到大、由弱变强、从民营企业走向主板上市公司的全过程，既是见证者、参与者，更是价值创造者和贡献者。在公司上市做股权激励中，用业绩换股权，成为小小股东。2021 年 1 月 8 号创办上海华全赢咨询，聚焦做销售团队培训和业绩倍增系统建

---

① 行动教育（股票代码：605098）是中国A股主板首家管理教育行业上市公司，于2021年4月21日正式登陆上海证券交易所。

设,手把手长期陪跑企业,立志助力万家企业复制销冠、业绩倍增、成就伟大!

在这16年的时间里,我一直和各行各业的老板们打交道,一路走来感慨良多,其中有两点体会尤为深刻!第一,我深刻体会到老板们的不易。每天一睁眼:房租、水电、员工工资、厂房设备等固定成本始终都在,几千万几个亿的生产设备、厂房等固定资产投资,生产出来又卖不掉的库存积压商品,加之客户的应收账款迟迟要不回来,多少老板一夜之间白了少年头,多少个夜晚都夜不能寐。第二点感受就是深刻体会到我们销售伙伴们的不易。我时时都在想:我如何才能尽我所能帮助到他们?除了给他们的销售团队做《销售冠军复制》专场训战外,我还有什么方法可以助力老板们业绩倍增,实现经济寒冬成功突围?这就让我萌发了写这本书的初心,我希望通过这本书让老板在业绩倍增的顶层设计方面少走弯路,少交学费,真正能做到先胜后战,先算后做,谋定而后动。

历经16年的销售实战经历和磨炼,加上李践老师的亲自指导打磨,以及上百个销售团队成功落地案例的实践,我想通过这本书在老板和销售伙伴之间架起一座业绩倍增的桥梁,帮助老板和销售伙伴们成功突围,助力万家企业实现复制销冠、业绩倍增、成就伟大,帮助百万销售快速成为销冠,蝉联销冠,遇见并成为更好的自己!

本书共分为三个部分:

第一部分上篇,重点阐述业绩倍增的顶层设计,第一章从

自序
我的使命：加速企业复制销冠，业绩倍增，成就伟大

业绩倍增的十大痛点出发，给出具体对策及客户成功实践；第二章论述业绩倍增系统工程，通过文化、战略、组织、人才、体系、机制六个维度来完善企业的增长系统；第三章通过十步法制订业绩倍增地图的工具，实现老板、管理者和销售人员上下同频、同欲、同力，持续打赢增长战。

第二部分下篇，重点阐述了复制销冠的底层逻辑。认知决定思维，思维决定行为，行为决定结果。第四章从复制销冠业绩必增的十大认知出发，快速构建增长的全局认知；第五章是复制销冠的三大心法，心力每增加一分，能量增加十分，能力增加一百分；第六章是复制销冠三大思维，快速复制顶级销冠的顶级思维；第七章是本书最最核心的部分，重点讲解了复制销冠八大硬实力，打通业绩增长的最后一公里。

第三部分是附录，重点记录我成为销冠和复制销冠的精华笔记，以及销冠养成必备工具："销冠日志"以及相关工具表格和 AI 销冠系统手机（销售员用的一种工作手机，里面安装了 AI 销冠系统）。三个部分为有机整体，相辅相成。

这本书被定位为"做好销售必读的第一本书"，从这里出发，手握完整体系和落地打法，你可以成为一名合格而有潜质的销售从业者，无论你是一线销售员，还是销售管理者、创业者、企业家，这本书将为你打开一扇通往销冠殿堂、迈向第一的成功之门。

上篇　业绩倍增的顶层设计

第一章　破解业绩倍增十大痛点，实现无疾而速

痛点1：年初老板定目标压不下去，销售员讨价还价，怎么办？　/005

痛点2：销售新人总是招不到、干不好、留不住，怎么办？　/007

痛点3：销售老人不愿意带新人，也不愿意晋升，怎么办？　/013

痛点4：销售团队没有斗志没有激情，完不成业绩还老找借口，怎么办？　/015

痛点5：产品多杂乱、同质化严重，伙伴卖不好，更介绍不清楚，怎么办？　/022

痛点6：新客户进不来，销售老人不开发新客户，怎么办？　/024

痛点7：老客户的复购率和转介绍率低，怎么办？　/026

痛点8：大客户开发不进来，怎么办？　/029

痛点9：销售管理一抓就死，一放就乱，管管不得，说说不得，骂也骂不得，销售过程不敢要求，怎么办？　/032

痛点10：老板在营销认知、营销战略、营销体系、营销组织上有不足，怎么办？　/035

第二章　完善业绩倍增系统工程，实现系统增长

1. 文化赋予销售一份伟大的力量　/042
2. 营销战略让销售知道卖给谁、卖什么、怎么卖　/046
3. 组织协同让销售轻装上阵，没有后顾之忧　/047
4. 销售人才生产线让老板不被销售牛人绑架，不被销售弱者拖垮　/048
5. 大营销体系给销售提供源源不断的弹药工具库　/049
6. 五种人机制设计让大家齐心协力拿大单　/051

第三章　十步法制订业绩倍增战略地图

1. 上下同频者赢：文化同心、战略目标、年度指标、增长策略　/056
2. 上下同力者强：销售动作、销售管理、销售能力、高效执行　/059
3. 上下同欲者胜：晋升通道，激励机制　/063

目 录

下篇　复制销冠的底层规律

第四章　认知到不了的地方，行为永远做不到位

1. 销售的本质是什么？　/071
2. 成交的本质是什么？　/072
3. 需求的本质是什么？　/073
4. 客户价值包含什么？　/074
5. 营销组织战斗力的本质是什么？　/075
6. 何为奋斗？　/076
7. 销冠的影响力来自哪里？　/076
8. 持续的业绩增长来源于什么？　/078
9. 业绩增长公式是什么？　/079
10. 销售方法论包含什么？　/080

第五章　心门一开，万法自来

1. 种下冠军的种子：没有做过销冠，不要说自己干过销售　/087
2. 相信相信的力量：销售是一条孤独的路，信念就是强心剂　/091
3. 永远付出永远感恩：对客户十倍好，好十倍　/095

第六章 思维模式是顶级销冠与普通销售的分水岭

1. 以客户为中心,极致懂客户,赢单概率提升 50% /103
2. 专业创造价值,产品同质化严重,销售员就是差异化 /107
3. 简单听话照做,内心纯粹无杂念,脚下更有力量 /113

第七章 复制销冠八大硬实力,打通业绩倍增最后一公里

1. 第一纽扣法则,找对客户,销售就成功了一半 /119
2. 做对电话流程,高效跟进 /131
3. 63411 高效拜访模型,让拜访事半功倍 /136
4. 探寻需求,把好处说够,把痛处说透 /160
5. 1131 价值塑造法,点石成金 /165
6. LSCPA 异议解除法,让客户自己说服自己 /171
7. 三大成交法,让成交率飙升 50% /179
8. 极致服务,让复购和转介绍源源不断 /183

附　录:销冠精华笔记和销冠必备工具 /189

致　谢 /227

上篇

业绩倍增的顶层设计

第一章
CHAPTER 1

破解业绩倍增十大痛点，实现无疾而速

有路径的高目标也是低目标
没有路径的低目标也是高目标

招聘销售新人要有投资思维
美国一项研究报告表明
销冠创造的业绩是普通销售的 4-127 倍

与其给新人单子，不如把成长的梯子放在新人脚下

新客户就是企业的
新希望、新火苗、新种子

经营好老客户的
惊喜感、愧疚感、依赖感、荣耀感

销售人员的管理只有做到人在、心在、成果才在

赋能是销售管理的前提
激励是销售管理的根本
管控是销售管理的落地

第一章
破解业绩倍增十大痛点，实现无疾而速

近 16 年来，我服务了近千家企业，每位销售员都会跟我说业绩增长难，增长遇到了瓶颈，业绩不能达标，这时，我都会问他们一个问题：你总结下你最核心的一个痛点，通过不断积累，我把企业常见的业绩倍增的十大痛点总结如下，大家可以一一对照，有则改之无则加勉。这十大痛点如果你都可以一一化解，我可以 100% 保证你的业绩一定能够实现有效增长，凭什么这么自信？一是我学员的实践成果验证，二是李嘉诚先生曾透漏过一个经营的秘诀：叫无疾而速，也就是企业增长没有障碍点和卡点的时候才能够真正增长。接下来我们一起来破解业绩倍增的十大痛点，其中很多对策都是学员成功实践的总结，希望对你有所启发。

痛点 1：年初老板定目标压不下去，销售员讨价还价，怎么办？

针对这个问题，有三点对策：

第一，虚实结合。老板既要有梦想、使命和价值观的感召，

同时也要帮助员工在平台上找到梦想，放大梦想，相信梦想，并帮助他们实现梦想。企业和员工是一个有机的整体，而不是博弈的关系，是一个生命有机体和事业发展的共同体。公司发展得更好，个人才能有更好的发展。老板要重塑我们的愿景、使命和价值观，并将梦想提升的好处传达给每一位伙伴。虚实结合中，务虚的一面是理念，务实的一面则是提供数据支持。

例如，公司过去三年的数据、行业过去三年的数据、团队伙伴过去三年的数据、公司未来三年的战略规划等这些数据需要展示给大家，让大家看到公司未来的战略规划和布局，增强信心。

第二，去除卡点。为什么在设定目标时，销售人员总是与我们博弈？这是因为高目标可能会触及伙伴的利益。

如某销售员去年完成了300万的业绩，今年公司要求设定500万的目标，按达标率做考核，今年如果未能达到500万，销售人员的提成、奖金和收入都会受到影响，导致销售人员天然抵触高目标。我们通过改变考核方式去除卡点，采用超额提成机制进行考核，取消达标率的考核方式，改为增量提成机制。

比如，某销售员去年完成了300万，今年如果能完成500万，300万部分激励保持不变，而200万的增量部分将获得1.2~1.5倍的激励，这样每个人都愿意挑战高目标。

同时，老板强调如果销售设定高目标，公司将提供最大资源和最大力度去支持销售达标；如果设定低目标，公司将无法提供支持。目标与资源配置是相匹配的。我们要消除伙伴们心中的顾虑，高目标才有高资源、高支持、高激励，最终也才能实现高价值，帮助伙伴获得高收入。

第三，共创路径。高中基层和老板共同制定达标路径。老板一定要记住把这句话写在会议室里：有路径的高目标也是低目标，没有路径的低目标也是高目标。因此，达标路径必须由大家共同制定。老板需要整合资源和人才，确保最好的人才和资源支持销售全力达标。营销老总则需要组织好营销活动，带领团队，找到合适的人才，服务好大客户、开发大客户。高中基层的路径和资源分配也需要明确。我们要给予员工足够的支持和激励，确保他们的努力与升职加薪挂钩。老板要给予信心，领导者要提供帮扶。我们共同制定路径，提供充足的资源、方法和赋能，然后我们齐心协力一起干。我们还将激励与绩效挂钩，告诉伙伴们干得好有奖励，干不好有惩罚。

痛点 2：销售新人总是招不到、干不好、留不住，怎么办？

99% 的企业老板和管理者都会问我如何解决这个痛点？针对招不到新人这个问题，我想说：

第一，请问我们在销售招聘上花了多少时间、金钱和精力？如

果我们没有把 50% 以上的时间精力花在人才招选上，我们肯定是招不到新人的。我们为什么不愿意花时间和精力？首先我们要正确认知：新人就是增长的源头，问渠哪得清如许，为有源头活水来，问业绩增长哪里来，唯有从新人把控好；其次，我们是将招聘优秀人才视为高成本，还是一种投资？实际上，花费 10000 元招聘的员工与花 5000 元招聘的员工在质量上存在本质差异，我跟所有老板和管理者说：贵的人才反而是最便宜的，你看如果你招到一个销冠一年做到 1000 万，你付出固定工资是 12 万，这个人才是贵还是便宜？你用三流工资招到三流人才，他进入公司不开单，一会儿心态出问题，一会儿能力出问题，你花费大量时间在这个人身上，最后他还没有产出，投入产出比严重不足。因此，在招聘新人时，我建议各位老板和管理者必须具备投资思维。

第二，请问我们的招聘渠道是否广泛？有的企业只用线上招聘一条渠道，而我发现标杆企业一般至少有四条渠道：线上、猎聘、内部人才推荐和校园招聘。对于高端人才，要用猎头渠道。其中，我们过去运用最好的是内部推荐机制，优秀的人才身边往往有优秀的朋友和同学，甚至亲戚。因此，我们需要建立机制，让伙伴帮助我们吸引更多优秀人才的加入。比如建立伯乐推荐机制，成功推荐销售人才奖励 3000 元，入职时发放 1000 元，入职 3 个月后再发放 2000 元，不同人才级别设定不同激励标准。还有一个非常有效的渠道，就是做短视频和直播，如果你没有做，同行在做，你想要的人才可能都被他们种草和截流了。我还想跟所有销售型企业建议的是校园招聘，一是成本相对比较低，二是人才可塑性高，三是可以批量化招选复制。校招和社招比例，标杆企业做到的是 70∶30，当然，不同行业和在企业不同阶段，这些比例会有所不同，关键是我们一定要加大校招的比例。有了校招，我们中层干部选拔 70% 都是来自内部基层培养晋升，30% 来自外部招聘；高层人才选拔 90% 都是来自内部中层培养晋升，10% 来自外部招聘，这个人才供应链比例大家一定要运用，只有这样你才不会缺销售和干部。

第三，请问我们的人才画像是否清晰？ 你可以参考公司历届销冠的背景，包括他们的毕业院校、学历、家庭背景、成长环境、性别、工作履历等特质。这些信息帮助我们形成清晰的招聘画像，就像寻找理想的伴侣一样明确。

第四，请问我们所有管理者都具备招聘、面试、培养和带教新人的能力吗？ 这里，我们的人力资源部门通过面试官培训通关来确保我们的营销总监、营销主管、师傅、老员工等都要掌握面试技巧，了解应该问哪些问题，使用哪些测评工具，以及如何进行情景模拟，确保他们在招聘和面试时不再盲目，能够准确鉴别人才的真伪。

第五，请问我们的招聘流程是否科学？ 不能仅仅是人力资源部门通过了或者用人主管通过了就录用，要有用人部门总监、分公司老总，重要岗位的招聘，通常需要经过三到四轮面试，对于关键人才，董事长也要亲自把关，面试者的级别决定了应聘者的质量。

新人最常见现象是新人融入慢、上手慢、出单慢等,针对这些问题,我们需要反思:我们的新人培育体系完善吗?比如,新人入职后的7天、30天、3个月、6个月等关键节点,我们具体的培训内容、教材、培训负责人以及培训管理机制有没有?在新人培养上面,我们最有感触的一句话是:我们与其给新人单子,不如把成长的梯子放在新人脚下。新人要出单,背后要做好关爱、赋能和支持,让他感受到家的温暖和归属感。只有这样,新人才能安心留在公司,跟随我们的领导安心学本领,努力工作。其次,我们反思下新人进来有师傅带吗?有思想导师吗?如果没有,即使做了新人培训,也落不了地,最后新人还会是被放养,自生自灭。

针对新人留不住问题,这里直接给大家提供六种留人的方法。

第一,主管留人。如果一个新伙伴加入公司,他在前3—6个月内的稳定性取决于谁?取决于他的主管。为什么这么说?因为主管与他的关系至关重要。主管是否关心他、帮助他,是否让他有归属感?他是否能从主管那里学到东西,看到希望,是否能赚到钱?因此,很多时候,留不住新人的第一个原因就是主管的问题。主管必须为新伙伴提供归属感,并树立榜样作用。因为你是他的榜样,他会思考:我在公司工作1年或3年后,是否能像我的主管一样,拥有高工资和强能力?因此,主管做好留人工作是至关重要的。

第二,团队氛围留人。我们的团队是互帮互助的,而不是钩心斗角、窝里斗的。当团队成员取得成绩或赢得冠军时，我们会发自内心地为他们喝彩和鼓掌。当同事的大客户到来时，我们会调动全公司和团队的力量去帮助他拿下客户，而不是嫉妒或算计。我们要打造一支有情有义、敢打能胜的铁军团队，大家就像战友一样，彼此支持，共同进退。

第三，机制留人。每一位新伙伴加入后，都需要清楚自己的职场晋升路径，在这里工作一年、三年、五年后，他们能获得什么样的收入，晋升到什么职位，以及何时能成为主管、总监、分总或事业部老总。只有为新人提供清晰的晋升激励机制和成长机制等发展路径，才能确保真正的人才留下来。

在机制留人里，还有一个核心指标：就是底薪，优厚的底薪可以吸引并留住优秀的人才。如果一个销售人才前期在公司拿的底薪都不足以支撑吃饭和住宿问题，你想想他的心还能安定吗？聪明老板会给员工优厚的底薪，让他们不仅能够解决住宿和吃饭问题，还会让新人有动力，你看公司给我发这么高的底薪，我还没有出单，我必须加倍努力，即使不休息我也要赶快出单，才能对得起老板的信任。只有让新人心定在这里，他才能更好地服务客户，才能持续稳定做出业绩，最后留下来。

第四，榜样留人。公司有没有50万年薪、100万年薪的销售冠军？有没有100万以上年薪的营销总监？有没有300万年薪以上的营销老总？这就是标杆榜样的力量，新人看到自己身边有这么多高薪的人才，是人才就一定会暗下决心留下来好好干。

"你看钟华老师,她在2013年就拿到了100多万的年收入,在我们公司工作两三年就能获得如此丰厚的收入,为此,我一定要更努力工作!"其他伙伴们自然有了明确的奋斗方向。在这样标杆不断涌现的组织环境下,我们的新人还会选择离开吗?显然不会。

第五,资源留人。比如,针对新人,公司是否可以为新人提供30个老客户资源的支持。营销老总、营销总监和师傅是否可以各自提供10个老客户资源。这些老客户原本可能是被忽视,或者没有得到应有的服务和激活。将这些老客户分配给新伙伴,他们会更加重视和用心服务,从而更容易激活老客户。老客户如果得到优质的服务,还会介绍新客户和复购,这样留住人才的概率就大大提高了。

2010年3月我刚入职,公司给我分了35个老客户,然后经过我用心筛选、深度链接和服务,其中10位有潜力的老客户前后累计给我带来了200万左右的复购和转介绍,2010年第一年我就做了47万业绩,成为新人销冠,其中有一半以上的业绩是这些老客户贡献的。当时如果没有这些老客户资源,我也许就会坚持不下去,选择离开了。

公司优质的客户资源,老客户、大客户,甚至好的新客户资源都牢牢把握在营销老总和老人手里,新人能开发的都是剩下的劣质客户资源，即使新人是个人才，有超能力，也是巧妇难为无米之炊，资源是根本。针对新人，公司和管理者要匹配对应的优质资源，扶上马、送一程，新人很快就能开单，一开单就能看到希望，就愿意留下来。这时候需要老板和销售老大站出来，大破大立，进行客户资源科学化管理，在服务客户数量、客户跟进动作、客户业绩成果上做制度考核，客户资源永远是公司的，不是个人的私人财产，唯有如此，客户资源才会流动起来，新人才会有机会。优秀的新伙伴加上优质的客户资源进行有效的配置，产生的成果是不可思议的。

第六，老板梦想和公司发展前景留人。老板要拥有高远的目标、崇高的事业追求和领袖魅力，公司平台发展得越来越好，对新伙伴们来说就是一种莫大的鼓励和心灵慰藉，新伙伴就会留下来好好奋斗拼搏。

痛点3：销售老人不愿意带新人，也不愿意晋升，怎么办？

企业发展到一定阶段，你会发现有些老员工开始懈怠了，开始小富即安了，开始偷懒了，虽然他们能够带来一定业绩，但业绩就是不增长，他们坐拥最多的老客户资源，也不再主动去开发新客户了，更最要命的占用公司大客户资源而不作为，最终导致是三输：老人没业绩、企业没业绩、新人也没客户资源。还有一种老员工不思进取，十年了还只想管好自己的一亩三分地，只管自己客户只管自己做业绩，不愿意带教新人，也

没有向上晋升的意愿。面对这样的老员工,我们应该如何应对呢?我总结为三点:心赋能、新梦想、新责任。

第一,心赋能。我认为,每一位老员工都曾为公司做出过贡献,对团队也有过价值。因此,我们首先应该心怀感恩,因为他们确实为公司付出过努力。没有一个老员工是天生就想成为"老油条"的,他们也有家庭责任,也有自己的梦想需要实现。今天为什么他们会选择躺平?我们需要定期与老员工谈心,了解他们需要什么支持和帮助。我们要帮助老员工补短板、拉长板,强化他们的能力。如果你没有尝试过关爱感化、教育熏化和才能强化,那么,你接下来就可以马上去做。作为领导,我们可以采取以下具体做法:

1.每月与老员工沟通,感谢他们过去的贡献,并承认他们的成绩和付出,了解工作进展和遇到的问题卡点,多互动多交流,人性化关怀。

2.每月与老员工共进午餐,了解他们的需求,了解他们的家庭背景,了解他的梦想和短期困惑,进行情感流动交流。

3.通过关爱感化,重新激发他们的动力,每个生日送上一份特别的礼物。

4.通过教育熏化,给予赋能,提供培训和学习成长的机会,帮助他弥补短板拉长板,强化优势。

第二，新梦想。要为老员工树立新梦想。在与他们聊天时，多了解他们的家庭情况、收入状况，以及他的梦想，激发他的渴望。我们要学会扣动他们的心灵扳机，可能是房子、车子、票子、妻子、孩子、位子、面子等，我们希望他们都能够实现"五子登科"，成为幸福的人。因此，领导要善于与员工谈心，激发他们的新梦想。

第三，新责任。给他一个新市场去开拓、让他负责一个新产品的销售、给他一个新团队去带，或者让他代理大客户开发总监，专门负责行业大客户的开发。你需要给予他相应的权力和责任。赋能、谈心、关爱、才干都已具备，梦想、责任和权力也都赋予了他。我们相信，老员工的潜能和热情一定会被激发出来。我们很多老员工其实都非常有能力，没有人愿意躺平，只是感到无助，没有出路和方法，选择暂时性趴下休整。他们只是在等待领导的引导和支持，多给予他们一些鼓励和帮扶，他们一定会表现得更好。

痛点 4：销售团队没有斗志没有激情，完不成业绩还老找借口，怎么办？

我在访谈和走访市场当中，听到很多声音：老师，你看经济环境不行了，对吧，还有消费降级，客户预算都没了，预算少了，客户要求比以前还高了很多，还有同行价格让的多，同行产品比我们有竞争力，同行的营销推广比我们做得好。每当

我听到这些抱怨语言的时候,我就会说:"请打住,请问公司花钱请我们来是干什么的呢?"如果没有问题,客户自己找上门送钱,还需要我们吗?销售天职就是创造价值,通过价值交换获取自己的收入,如果你一直在抱怨,我判断你的业绩一定不会好,我发现真正的强者永远在找方法而不是找借口,真正的强者都是自我批判者,也只有自我批判者才能够真正成为强者。如何打造一支强大的销售团队呢?我这里总结萃取了标杆公司的 4 大文化和 3+1 作风训练。

第一大文化:冠军文化

冠军文化是一把手工程,冠军文化是让所有伙伴看到的、听到的、感受到的都是对我们销冠精神的推崇和重奖,激励一个人带动千千万。公司的荣誉墙上贴着我们销冠们的照片。其次,打造冠军文化还需要机制保障,比如我们一个大客户推出的年度销冠激励机制:家庭 6 人欧洲游,不仅如此,前三名上红榜拿大奖,后三名要上黑榜公开检讨,还要乐捐成长赞助金,如果连续三次上了黑榜,就要被淘汰。有了冠军文化,销售团队立马就被点燃了被激活了。像我的老东家行动教育,针对销冠激励推出了"6 冠加冕"荣誉体系:"冠军宴""冠军礼""冠军购""冠军游""冠军榜""冠军报"。

"冠军宴":冠军及家人入住五星级酒店,并由董事长李践老师陪同享用冠军宴。

2013 年 5 月我作为第一个销冠,特别荣幸享受了这个待遇,

第一章
破解业绩倍增十大痛点，实现无疾而速

用餐时李践老师不停地为我夹菜，不断询问有什么需要帮助的，老师还问了我的梦想，我说我要当企业家，成为像老师一样杰出的企业家。李践老师说非常好，要想成为杰出的企业家，首先一定要有崇高的目标和追求；第二要如饥似渴地学习，行动教育和所有有价值的课程都要去学习；第三要付出不亚于任何人的努力。晚上我入住了黄浦江边的丽思卡尔顿酒店，看着窗外美丽的东方明珠电视塔和门口川流不息的豪车，那一夜我竟然失眠了：原来生活还可以这么高级，我们的人生还可以如此精彩，我暗下决心一定要加倍努力干业绩，再拿下一个销冠，再享受跟董事长的冠军宴。

"冠军礼"：冠军及家人参加月度冠军颁奖典礼。冠军上台发言，家人亲临见证，董事长李践老师亲自为冠军颁奖。

当时我拿冠军的时候，李践老师亲自为我加持，老师的分享让我泪流满面，还有冠军父母的分享，当时我妈妈的分享虽然朴实无华，却感动了在座的老师们和伙伴们，于我而言，我永远记得那一刻她脸上洋溢的幸福感、成就感和自豪感。我相信所有参与颁奖典礼的销售伙伴们都在内心深处种下了一颗颗冠军的种子，暗下决心下次我也一定要做销冠，要带父母来参加颁奖典礼。

"冠军购"："10000 元限时购物"，冠军要在 2 个小时内花完 10000 元。

当时我直接冲到徐家汇美罗城，买了苹果电脑和IPAD，5分钟挑选，立刻买单，开发票，然后拿着发票立即打车赶回到公司找财务报销，一到公司，同事们都投来羡慕嫉妒的眼神，我觉得非常刺激好玩，终生难忘，这时我读懂了这句话的意义：激励一个人带动千千万。

"冠军游"：冠军及家属"江浙沪豪华3日游"，吃住行玩公司全部报销，并要求任何人不能以任何事情打扰冠军。

"冠军榜"：冠军的照片上榜集团英雄荣耀墙，让全体员工共同见证冠军荣誉。

"冠军报"：在公司官方网站、公众号上报道月度冠军的成长故事。

通过冠军文化激活了团队的心，扣动了每个人的心灵扳机，让每个人都种下了一颗冠军的种子。

第二大文化：学习文化

每天的晨夕会上，主持人做学习分享，主管、标杆伙伴做经验分享；每周部门的专题学习会、每月公司读书分享会、每季度集团的专题集训。作为销售人员，一定要记住学习改命。因为认知到不了的地方，行为永远做不到位。我们所有成功路上的障碍，都是因为我们认知的缺陷，没有学习就没有认知，所以我们要在销售团队中营造一种比、学、赶、帮、超的学习文化。通过统一学习，实现统一思想、提升认知、拓宽视野、提高能力的目的。

学习文化激活了团队的脑，让我们的团队无所不能。

第三大文化：运动文化

但凡每天早上能早起跑步健身半个小时的销售人员，业绩一定不会差，如果再加上每天都看书学习，每天一睁开眼睛就有目标感的人，100% 都是成功人士。

我们有个大客户执行的运动文化非常成功，值得所有企业借鉴，具体操作是这样的：每月1号开大会，在会议室门口放一个体重秤，每个人先称重，对照本月设定的体重目标，长胖的自愿乐捐，比如干部每超重一斤就乐捐1000元，员工每超重一斤乐捐500元。为什么要体重管理，因为体重都管理不好的人一定是不自律的人，还有就是不够勤奋努力的人。反之，体重管理的好，说明你足够自律，还有足够勤奋努力，你的销售过程一定不会差，业绩自然也不会差。同时还有一个运动群内打卡活动：每人每天1万步计数发到群内打卡，当天做不到的直接乐捐50元，你想想作为一个销售伙伴，每天拜访一两家客户，1万步肯定是够的，如果你的步数只有2000步左右，不用说这个销售伙伴肯定没有认真去跑客户、跑市场。

运动文化激活了团队的手和脚，提升了团队的活力、执行力和战斗力。

第四大文化：快乐文化

我们先盘点下销售团队的人才结构。大部分公司高层的基本是"80后"为主，中层干部"90后"为主了，基层是"00

后"为主。

针对大部分"90后""00后"员工，我们要保持团队活力激情，就要把快乐变成第一生产力！华为当年提出饭勺是第一生产力，因为华为招的是学生兵，学生时代我记得食堂饭菜的确不好吃，而华为食堂堪比米其林餐厅，华为通过留住学生兵的口味就留住人才了。

建立销售团队的快乐文化，比如出单了：来一个大转盘来转，大家来转：抽电饭煲、抽吹风机、抽奶茶、抽星巴克、抽暖宝宝、抽盲盒；打胜仗了就去聚餐，经常庆功，就会成功，一定要快快乐乐地去做业绩。今年的业绩目标，一定要快快乐乐去完成，我们要拥有快乐的心态，常带笑容，笑容放大十倍，给别人多一点关心、多一点付出、多一点努力、多一点帮助、多一点支持、多一点感恩、多一点赞美，你的运气一定不会差，所以你的业绩目标一定可以完成。我希望大家永远向上、永远向善、永远向前，因为这个时代这么好，你一定要成为更好的自己，我们每一个人都值得拥有更好的明天，前提是我们要去付出，要掌握正确的方法，聪明地去努力！

冠军文化、学习文化、运动文化和快乐文化这四大文化导入到我们的销售团队，我相信这个团队一定会脱胎换骨的！

带团队就是带人，带人就是带作风，士气比武器更重要。

所有虎狼之师，所有销冠战队都具备这3+1作风，接下来为大家简要介绍下3+1作风训练要领：

第一章
破解业绩倍增十大痛点,实现无疾而速

> 3大作风指的是:认真、快、坚守承诺!
> 1是一个绝不,指的是绝不找借口!

认真是品质,做事足够专注、投入,一次性做对,一次性做好,不返工,实现客户满意,符合工作标准,零缺陷,不做差不多先生、马虎小姐。

快是效率,谁快谁就赢,做事不浪费时间,当日事当日毕,做事雷厉风行,干脆利落,不拖泥带水,不拖延,不做无价值的事。

坚守承诺是诚信,说到做到,知行合一,不假大空,不说一套做一套。

绝不找借口是承担责任,不找借口,不找理由,只找方法,我是一切问题的根源,我是一切的创造。

训练时要做到身、口、意合一,身指的是肢体动作,站立姿势,双手五指并拢从耳垂滑落到腰部,手臂呈90°弯曲;口指的是嘴巴里大声喊出认真、快、坚守承诺、绝不找借口!意指的是意念,念念不忘,想着我认真了吗?我快了吗?我坚守承诺了吗?我绝不找借口了吗?带人就是带作风,执行力就是制度+检查,全员都做到3+1作风,我相信我们的销售团队一定就是虎狼之师。

痛点 5：产品多杂乱、同质化严重，伙伴卖不好，更介绍不清楚，怎么办？

针对产品多、同质化严重，伙伴卖不好，更介绍不清楚，怎么办的情况，我给的建议是：老板和产品研发管理者一定要下市场卖一次自己家的产品，只有走进市场，走进客户，才能真正感受到销售伙伴的不容易。我总结出标杆公司都有产品战略，产品是战略和价值的载体，产品战略坚持从客户需求出发到满足客户需求结束，从客户全生命周期去构建企业的产品矩阵。

第一，你有没有引流品？ 引流品就是我们的开口产品，开口越大越好。你看所有引流品又便宜，价值又高，体验是最好的，效果是最好的。

第二，你有没有战略级大单品？ 产品战略最核心的是要做出一个战略级大单品，战略级大单品的判断标准：销售收入和利润占比都排在前面，客户复购率高，与同行之间有极大的区隔；选定战略级大单品之后公司就要把所有人财物资源，营销的兵力和活力都集中在这个产品上，聚焦专注，销售动作极简，销售员才能够介绍清楚，才能成为产品专家，如果一个产品都介绍不清楚，也卖不好，那么 10 个产品对销售员来说就更是介绍不清楚，更是卖不好了。《道德经》上说：少则得，多则惑，就是这个道理。

第一章
破解业绩倍增十大痛点，实现无疾而速

行动教育在2013年做到几个亿却不赚钱，就是因为当时我们同时在卖的课程有十几门，每门课后面都是一个独立的项目部，项目部的人员也是浩浩荡荡。当时，一个客户要被销售员卖好几次，甚至十多次，而且销售员还都讲不清楚课程到底能给客户带来什么价值，客户被骚扰得非常反感。当时，李践老师果断决策，产品聚焦，只专注卖一个产品《赢利模式》，其他所有课程整体打包成解决方案，也就是现在的《校长EMBA》，这样调整后，销售人员的展业模式就变得非常清晰和简单，只需向客户讲清楚这一个王牌产品《赢利模式》，把这个产品卖好，到现场再去卖我们的战略级大单品。此后行动教育的业绩和利润逐年双增长，2021年成功登录上海主板，成为管理教育第一股。

第三，你有没有利润压舱品？ 比如说你看完了《复制销冠》这本书，然后线下体验了我们的战略级大单品《销售冠军复制》训战课，然后，你还是没有从根本上解决落地问题，你就会问，你们家还有没有其他产品服务帮助我们落地拿到更大成果，这就是我们的业绩倍增陪跑咨询落地案，这也是我们的利润压舱品，针对业绩倍增陪跑咨询落地案，从几十万到上百万。

营销，营销，营在销的前面，要想产品销售好，必须先做好产品经营，也就是产品战略，我们有产品战略吗？什么是我们的引流产品？什么是我们的战略大单品？什么是我们的利润压舱品？针对销售团队，分层分级，各自聚焦一个产品，只有销售展业模式足够简单，才能够实现批量复制。

痛点 6：新客户进不来，销售老人不开发新客户，怎么办？

新客户就是新希望，新客户就是新增长，新客户就是新种子，今天我们新客户进不来，其实，不是能力的问题，是我们的选择问题，更是我们重视度的问题，只要老板、销售老总和销售管理者重视新客户的开发，就没有开发不出来的新客户。我总结出3招标杆公司的做法：

第一招：大开口

首先，高中基层要进行全员营销，董事长亲自挂指标，今年我要开发多少个新大客户；营销老总要为伙伴们搞定多少有效的客户资源，哪些商协会、精准客户圈子要去搞定；所有总监都要挂钩开发多少个新大客户，所有员工要开发多少个新客户；还有二线部门也要挂指标要介绍多少个新客户给伙伴，只要二线部门介绍客户就有奖励，成功开发客户还有更多奖金激励等。

其次，我们全员都要重视新媒体的流量打法。比如，直播、短视频，全员全域获客引流，时代变了，我们获客方式也要跟着变，客户在哪里，我们就要到哪里去获客，客户在抖音视频号里，我们就要去抖音和视频号里获客，我们公司现在有30%的客户都是来自这些新媒体渠道。直播可以很立体地建立信任、传递价值、互动转化成交。

第一章
破解业绩倍增十大痛点，实现无疾而速

第二招：大机制

首先，针对我们新客户可以设置高提成。比如平时老客户提成是 5 个点，那么你的新客户开发进来第一年，就可以是 10 个点。当时我们公司给到的是 18%，相信重赏之下必有勇夫，果不其然，那一年新客户开发数量和业绩都实现了倍增。其次，我们可以进行新客户开发竞赛，比如今年一季度，我们进行新客户开发数量竞赛。针对开发了符合公司标准的新客户数量排名前三的，给予重奖。第三，针对星级评定员工绑定新客户开发指标，不同企业针对员工评级方式不同，有的采用一星到五星的员工星级评定，有的采用是初级、中级、高级的星级评定，无论哪种方式做星级评定我们都要跟新客户新业绩挂钩，因为员工只会做我们重奖重罚的事情，不会做你期望的事情。你重视什么，你就直接挂钩什么，结果就会得到什么。

第三招：大团队[①]

新伙伴一定会开发新客户。所以我们要注重我们新伙伴新鲜血液的加入，我们很多公司一两年都不招几个新伙伴，老员工只服务老客户，你说怎么会有新客户呢？我们有一个客户采取策略是每年新人和老人按照 1∶1 配置招聘。其次，针对招进来的新人进行赋能、培训、辅导，告诉他我们公司的新客户、大客户画像长什么样，寻找的路径有哪几条，去哪里可以找到，

---

① 指的是销售团队兵强马壮，新员工快速成长出单并留存下来，老员工大单大业绩多多，整个销售团队士气高涨、斗志昂扬状态佳、人数和人效都很高。

让新人快速成长起来。再次，对新客户开发做好过程管控，每天打多少个新客户电话，每月拜访多少个新客户，确保每个伙伴都有新客户进来，用心服务老客户，老客户转介绍新客户是最有效的方法。

还有一个绝招：强开制度[①]。让老员工不得不去开发新客户，很多优秀的公司，业绩好的公司都在运用这种方法：针对半年或者是3个月时间内，一没有拜访，二没有服务，三没有激活，四没有任何销售动作和业绩产生的老客户，CRM系统就会强开。一强开，老人的老客户就变少了，他就不得不去开发新客户，同时新人有机会申领到更多老客户去服务，通过深入极致的服务就会有复购和转介绍。

痛点7：老客户的复购率和转介绍率低，怎么办？

老客户重不重要？我在线下课程中反复强调，老客户就是我们后花园里的金矿宝藏，老客户就是我们床底下的金砖。所以我们每一位家人都要非常重视老客户。如何提升老客户的复购率和转介绍率呢？这里介绍我们常用的四招：

第一招：做好极致服务

一定要做到定时、定点、定人、定预算、定服务标准动作，持之以恒去做到位，定有惊喜。千万不能企业生意好、赚钱的

[①] 没有激活的老客户资源，会自动流失到公司的客户公共池，伙伴们可以自行认领这些客户资源。

时候就去做客户服务，今年没赚钱就不做了或者降低服务品质，越是生意难做的时候越要注重老客户的服务，这样我们的复购和转介绍才会有保障，业绩增长才有可能持续。

第二招：确保极致体验

我们的老客户每次体验都够超值吗？我们老客户每次体验都能够一如既往地好吗？我们的老客户每一次消费都会感到满意吗？具体要给老客户创造哪些极致体验，我建议大家可以组织一次头脑风暴，具体围绕以下内容展开：有哪些我们要想在老客户前面的？有哪些我们要做到老客户心里面的？有哪些要超出老客户期望的？也期待你们共创的成果能够快速提升公司老客户的复购率和转介绍率。

第三招：经营好老客户的四感

第一个，惊喜感。每一次来都有惊喜。

第二个，愧疚感。每个伙伴要对我们的客户一如既往地好，客户每次来上课，我们都要为客户准备拖鞋、毛巾、牙刷、牙膏、水杯、水果、干湿巾、咖啡、牛奶、口香糖，客户每次都会觉得自己如果不复购或者转介绍一个客户，都会觉得心生愧疚。

第三个，依赖感。客户遇到问题，无论大问题，还是小问题，都会第一时间想到你、想要找你帮忙，那么这个时候客户对我们就有了依赖感。我们要经营客户对我们的依赖感。如果客户对我们非常依赖，非常信任，那么他就会给我们转介绍客户，复购都是情理之中的事情了。

第四个，荣耀感。经营荣耀感很重要。

我在冲刺千人销冠的时候，我会告诉我的客户：我现在正在冲刺集团的销冠，您明年的培训预算可不可以先支持我们一部分，我这份冠军的荣耀有您的一份功劳。其实老板都愿意成就年轻人的梦想，他们会无私大爱地去支持和帮助我们实现梦想。我每一次登上冠军领奖台上，我都会由衷地感谢我的客户！

没有客户的支持，就没有我们销冠的头衔。我们要经营好老客户的荣耀感。我们要把客户当作我们一辈子的亲人，我们要把销售当作我们一辈子的事业。业绩做得好的销售员，很大一部分业绩都来源于他们的老客户，以及老客户的转介绍。

第四招：做好创始人 IP

我做了"钟华销冠王"IP，现在我们的老客户给我介绍客户，只要把我的视频号一键转发，新客户看到视频就会觉得这个老师很不错，非常专业，讲自己所做，做自己所讲，还服务过这么多大企业。这样老客户给我们介绍新客户就更容易了。你说老客户转介绍率低，转介绍率低很多时候是因为老客户不知道怎么向他的朋友介绍你的产品，不知道也讲不清楚，现在有了创始人 IP 号，老客户一键转发就可以达到目的。

痛点8：大客户开发不进来，怎么办?

大客户带来大业绩，大客户带来大利润，大客户带来大升级，如果一家企业没有大客户，就不可能成为一家大公司。

大客户开发也是有秘诀的，这里跟大家分享李践老师亲授的大客户开发独孤九剑，我就是运用这套方法论成功地开发了上百个大客户，让我成为集团千人销冠。

第一剑：一把手工程

老总一定要高度重视大客户。一把手的时间精力、金钱、资源花在哪里，企业的成果就在哪里。你的认知是什么，你的投入就是什么，你投入什么就决定了企业的结果怎么样，开发大客户是一把手工程。老板务必要高度重视。

重视就是要花时间重视，重视就是要花金钱重视。

重视就是要花精力重视，重视就是要多投入资源重视。

第二剑：组建大客户部

我们要精挑细选我们的顶级销冠、方案专家、大客户开发高手、大客户开发经理、总监、营销副总和老总组建成大客户部。

第三剑：尖刀配鲸鱼

何谓尖刀配鲸鱼？大客户来了，我们一定要有大产品，要有大的产品矩阵去支撑，如果你的产品价值非常低，就不能满足大客户的需求。大客户是大业绩，那大业绩肯定要匹配大产

品，要匹配高价值的产品矩阵，要匹配大的客户价值，去帮助大客户解决问题，达成目标。

第四剑：政策倾斜

大客户贡献大业绩，那么对大客户，我们提供的优惠政策肯定是不一样的。老板要舍得，舍得舍得，有舍才有得，大舍才能大得！

第五剑：机制倾斜

我们对普通销售的机制是低底薪加高提成。但是大家不要忘了，我们大客户开发周期非常长。如果你还用低底薪，那开发的周期这么长，提成又拿不到手，那销售员就没有心思好好干了，所以，我们对大客户部的销售员要给他高底薪低提成或者是中底薪中提成，最重要的是设立团队攻克大客户奖项，大客户开发一定不是单打独斗，一定是团队集成作战，因此团队奖励要大于个人奖励。

第六剑：关系加专业

搞关系的是哪些人上，搞专业的是哪些人上，华为强调铁三角，搞关系的、搞技术的、搞交付的，要关系加专业，哪些人负责开拓关系，哪些人负责提供专业的价值、技术的问题解答。现在搞定大客户，一定是团队合作协同开发，各自发挥所长，仅凭一己之力太难了。

第七剑：价值观升级

从以自我为中心的价值观升级为以客户为中心的价值观，这不是一句口号。何谓以客户为中心？我们要极致地懂客户：

客户的标杆是谁、客户的竞争对手是谁、客户的合作伙伴有哪些、客户的上下游产业链是什么、客户生态圈情况怎么样、客户的供应商有哪些、客户的核心竞争力、客户的作业流程、客户的客户对他有哪些要求，我们都要了如指掌，如数家珍。我们只有极致地懂客户，才能做到以客户为中心，我们只有极致的专业，才能帮客户解决问题创造价值。我们只有极致地为客户着想，我们才能永远赢得客户的信任和追随，所以很多时候，我们的价值观要升级，不能以自我为中心，不能太自我太自私，我们一定要以客户为中心，极致地懂客户，懂客户的现在、过去和未来，用极致的专业满足客户需求、为客户创造价值，这样我们的企业才能走得长远。

第八剑：产品服务升级

大客户要的是有价值的大产品和大服务。比如我们的咨询辅导项目：业绩倍增全案解决方案，从招选销冠、培育销冠、复制销冠到我们业绩倍增整个系统工程建设，所以我们的产品服务要全线升级，才能支撑更大的订单，做出更大的客户价值。所以很多时候我们就要下苦功夫，要进行产品的升级、服务的升级。

第九剑：战略升级

我们要开发大客户，没有顶级的人才、顶级的团队、顶级的资源、顶级的经验智慧，我们是承接不了这个大客户的，所

以我们要战略升级①，建立分配机制，然后吸引顶级人才。顶级人才带着团队来了、顶级人才带着资源来了、顶级人才带着开发大客户的经验和智慧来了，所以这个大单我们就能承接，这就是大客户开发的独孤九剑。

16年来我就聚焦在销售领域，从一个一线的小白做到千人销冠、做到项目运营总经理，再到我自己创业这几年，就是把销售和业绩增长这件事情研究到底，人教人教不会，事教人一次就对。为什么要做销冠、为什么做大客户，你只有去实践了，只有把复制销冠的三大心法、三大思维和八大硬实力去实践，你才能够在实操中长智慧、长认知，因为这是你的体感，你不去实践和亲证，你就长不了真本领。

痛点9：销售管理一抓就死，一放就乱，管管不得，说说不得，骂也骂不得，销售过程不敢要求，怎么办？

我们是否也遇到这种情况：营销老总对销售伙伴不敢管，不敢骂。销售过程管理成为摆设，业绩不达标的员工还不能批评，更不敢提过高的要求。为什么？怕一管人就跑了，人跑了，新人又进不来呀，谁给我干活啊，只能好死不如赖活着吧，这个时候如果老板选择睁一只眼闭一只眼，营销管理者就学会了

---

① 指我们要做大客户，一把手一定要把大客户开发上升到公司战略的高度，匹配大客户开发所需的团队、人才和对应的分配机制，保持战略的一致性。

第一章
破解业绩倍增十大痛点，实现无疾而速

两眼都闭着，因为他被卡脖子了！大家记住：伙伴人在心在，心在成果在。现在我们很多员工就是人在曹营心在汉，这种情况下业绩肯定不会好。

我们实践出来的科学高效的销售管理法，简称黄金三角：赋能、激励、管控。

第一个，赋能。赋能是能力系统，具体指给能量、给能力、给奋斗精神。

如何给他能量？就是通过关爱来给能量，给他心力。你要关爱他。平时多和销售员沟通，不聊工作，就聊家常，聊聊他的七大姑八大姨，聊聊他的父母，聊聊他的孩子，聊聊他的成长经历和工作履历，关心他未来发展规划。

如何给他能力？你看销售员是不是在找客户、打电话、做拜访、解除异议、果断成交上有什么卡点，你要手把手地去赋能他。你不能说今天打 30 个电话，今天你必须拜访两家客户！第一他找不到精准的名单，第二他电话话术不过关，第三拜访他不知道整个流程动作标准话术是什么，他怎么去拿成果。你需要给他提供个性化的辅导，每个伙伴需要的能力是不一样的，就像我们孩子的教育，你不花心思就想他学习成绩好，没门！销售员们也是一样的。特别是我们的销售总监们，你们花在人身上的时间，一定要比花在市场上和客户上的时间要多。你不能什么都靠你一个人去干，你一个人只能干 100 万，但是你带好团队，你和团队就能干到 500 万，甚至 1000 万。

如何给他奋斗精神？奋斗精神不是说说而已，而是领导者

的以身作则，你看我们的总监好付出，对销售员特别好，对客户特别好，对工作敬业，勤勤恳恳，伙伴心中就有了榜样的力量，奋斗精神就是给钱也干，不给钱也干，反正就是乐此不疲地干，奋斗精神就是关注用户，为用户创造价值的任何微小活动，奋斗精神就是一种付出精神，一种奉献精神，一种牺牲精神。

赋能是销售管理的前提，他没有赋能，他没有能量，没有能力，没有奋斗精神，他怎么去干好业绩？没有赋能就不要去管控，销售好比一列动车，赋能就是给动车充满电、加满油，赋能做得越好，动车就跑得越快，销售业绩就会更好。

第二个，激励。激励是动力系统。营造多劳多得，少劳少得，不劳出局的机制。

主管天天关心销售员，帮助销售员，无条件地支持销售员，也给做了表率，但销售员还是不动，怎么办？这时就需要动力系统，动力系统就是前有千金，后有猛虎，你看销售员动不动？管理就是管理人性，人性就是趋利避害，人性就是追求快乐，逃离痛苦，因此要设计好激励，干什么，怎么干，干了吗，干好干坏怎么说？先有利出一孔才有力出一孔，重奖重罚，如果还干不好，就用电网末位淘汰。

我们有一个大客户，每个月的运营和招商前三名都贴出来，倒数三名也会贴出来，前三名的上红榜是冠军荣誉榜，后三名上黑榜是奋起直追奖，连续三次最后一名就会被淘汰出局。

激励是销售管理的根本,没有激励就不要去管控。销售好比一列动车,赋能是充电加油,激励就是动车的方向盘,激励朝哪个方向转,伙伴就会朝着哪个方向走,销售团队就往哪里冲锋陷阵,你想要什么你就激励什么,凡是赋能的都要做激励,不然伙伴就不会主动、持续地行动。

第三个,管控。管控是执行力系统,要告诉销售员:只有量变才会有质变,量变到底做多少才能带来质变,你赋能什么,你就激励什么,最后你还要管控什么。

销冠没有轰轰烈烈的星光灿烂,只有脚踏实地的细节落地,销冠实现目标只有五个字:做好每一天。

管控是销售管理的落地,没有管控,赋能激励就是空谈。管控就像动车的轨道一样,你只要按照我的轨道来走,你就一定能够顺利地到达终点站。终点站是什么?就是达成我们的目标,就是成为销冠,就是业绩倍增,就是我们的收入倍增。

因此,销售管理要做到黄金三角:赋能、激励、管控。赋能是能力系统,拥有达成目标的硬实力;激励是动力系统,激活达成目标的原动力;管控是执行力系统,做好每一天,从量变到质变,量大出奇迹,永远走在达成目标的正确轨道上。

痛点 10:老板在营销认知、营销战略、营销体系、营销组织上有不足,怎么办?

老板在营销认知、营销战略、营销体系、营销组织上有不足，需要做四个反思。

第一个，营销认知的反思

首先，我们老板要反思，平时自己花在营销团队、客户、市场上的时间有多少？金钱有多少？精力有多少？

其次，老板要反思，现在你会像创业第一天那样有奋斗者精神吗？很多时候，企业业绩三五年都在原地打转，就是上不去，怎么做就是上不去，这时，我们老板的发心、初心还在吗？老板持续学习吗？老板与时俱进长出新能力了吗？老板有持续赋能训战销售团队吗？如果这些都没有做，那肯定就没有增长了。老板对增长的渴望、老板的奋斗精神、老板的创业发心和事业使命才是企业增长的元引擎。

我非常敬佩我们曾经服务过的很多大客户，他们对于事业，每一天就像是上班的第一天、创业第一天，永葆创业的初心和使命，时刻永葆激情和斗志，不断学习，不断创新，不断训战和赋能我们的销售团队，让我从心底里钦佩和感动。

第二个，营销战略的反思

我们有营销战略吗？我们的营销战略对不对？

营销战略还要打通高中基层营销战略的一致性，上下同频同欲同力，要从文化同心到公司的战略目标到业绩指标，到增长策略到销售动作，到销售管理到销售能力，到高效执行到晋升通道，到激励机制彻底一线打通，营销战略打不通，业绩就上不去。

因此，业绩倍增是个系统工程，复制销冠就是核心的抓手。

如果让我去拔高一家公司业绩，我首先把复制销冠抓起来，其次我们就是调整营销战略，然后再重塑使命，从文化同心开始，文化打通战略，战略打通业务。

第三个，营销体系的反思

我们的营销体系有没有，健不健全？科不科学？业绩倍增是个系统工程：大战略带来大业绩、大目标带来大业绩、大团队带来大业绩、大体系带来大业绩、大管理带来大业绩、大专业带来大业绩、大工具带来大业绩、大激励带来大业绩。

首先，营销体系包括市场、销售、客服的体系有没有，我们很多公司是没有市场部的，市场部做什么？做敌情侦查，做市场洞察，做产品研发，做品宣造势，市场部给我们空中投炸弹，市场部给我们分析什么产品是最符合客户需求的，市场给我们做调研，市场给我们做工具等。麻雀虽小五脏俱全，缺了器官就缺了功能，自然就会遇到卡点。

其次，我们只有线下销售，没有线上新媒体、没有做直播、没有做短视频、没有同城投流引流，高效的营销体系要包含线上线下、公域私域、海陆空天地人网协同作战。最后，还要看我们的营销工具库有没有？营销的人才招选体系有没有？营销人才训战培育体系有没有？

第四个，营销组织的反思

营销的组织也是我们营销的铁军，我们有没有企业大学，有没有人才复制体系？很多老板永远喜欢花钱建厂房、买设备、做投资，从来没有花钱投资到营销组织的打造上，其实营销组织才是企业最核心的软实力。老板和管理者唯有建立销售人才复制体系，不断打造销售铁军，不断增强营销组织能级，业绩倍增才会水到渠成，不然即使模式好，产品好，客户好，没有强有力的营销组织最终也会竹篮打水一场空。

十大痛点的背后就是增长点，把问题当作课题，无疾而速，我相信我们一定能实现业绩倍增！

第二章
CHAPTER 2

完善业绩倍增系统工程，实现系统增长

认知到不了的地方,行为永远做不到位

文化赋予销售一份伟大的力量,不忘初心,方得始终

战略为我们做出清晰可见的路径导航
让我们上下同频,一起为客户创造价值

建立销售人才生产线
让老板不被销售牛人绑架,不被销售弱者拖垮

配套完善的高中基层营销能力体系建设
至关重要、迫在眉睫

激励机制就是一根魔法棒,让销售团队指哪打哪

第二章
完善业绩倍增系统工程，实现系统增长

一路走来，我有一个感悟特别深刻：认知到不了的地方，行为永远做不到位。服务辅导的企业那么多，老板们总会非常诚恳地请教我：钟老师，您说我们到底要怎么做才能实现业绩倍增呢？您用什么方法能确保我们的训战辅导100%一定有效，一定能够实现业绩倍增？我觉得这是个非常棒的灵魂拷问。在我给100多个销售团队做完"销售冠军复制"专场训战后，我也一直在问我自己：通过复制销冠就一定能够帮助企业实现业绩倍增吗？这些年我一直在苦苦思索着，看了很多书，和行业内的高手也做过很多交流，亲身在很多企业做过实证，通过反复复盘验证，今天我的内心似乎找到了一些答案。虽然答案并不一定完美无缺，但我觉得它对老板们而言还是很有启发意义和参考价值的。

我们如何做才能确保更大成功概率实现业绩倍增呢？首先，业绩倍增是个系统工程和整体疗法。真正睿智有远见的老板都是非常重视集文化、战略、组织、人才、大营销体系、机制设计等多维于一体的业绩倍增系统建设的。下面我将从文化、战略、组织、人才、大营销体系、机制设计等六个方面对业绩倍增系统做简要介绍。

1. 文化赋予销售一份伟大的力量

文化主要包括企业的使命、愿景和价值观，任正非先生提出，任何资源都会枯竭，唯有文化生生不息，文化拥有强大的生命力。以文化人，文化铸魂，要让销售有魂，要让销售充满无穷的能量和潜力，老板就要重视企业文化的建设，时刻寻找并牢记我们创业的初心和使命！公司存在的意义、价值是什么？我们全力以赴到底为什么而战，为谁而战？使命让我们伟大，使命可以让我们意志坚定，笃行不怠，使命可以让我们抵挡诸多诱惑，不迷失不迷途，内心纯粹淡定从容。

现代企业文化建设的典范方太集团创建于1996年，作为一家以智能厨电为核心业务的幸福生活解决方案提供商，方太提出了"心性即文化，文化即业务"的经营思想，文化和业务的关系是一不是二，值得我们所有企业家学习。

方太使命：为了亿万家庭的幸福。方太致力于为人们提供高品质的产品和服务，打造健康环保有品位的生活方式，让千万家庭享受更加幸福安心的生活。

方太愿景：成为一家伟大的企业。伟大企业具有四个特征：顾客得安心、员工得成长、社会得正气、经营可持续。

方太价值观：人品、企品、产品，三品合一。方太人坚信，作为一家追求伟大的企业，不仅要为顾客提供无与伦比的产品和

第二章
完善业绩倍增系统工程，实现系统增长

服务，还要积极承担社会责任，做一个优秀的企业公民。同时，也帮助员工成为德才兼备的有用之才，与企业共同成长，这三者相辅相成，"三位一体"缺一不可。

卓越的企业文化，能为销售团队注入灵魂，赋予其超越交易的使命感和强大的内在驱动力，将销售行为升华成为一种价值传递和关系构建的艺术。方太集团，正是这一观点的绝佳诠释者。方太的企业文化体系（使命、愿景、价值观）并非停留在墙上的标语，而是深刻融入其经营血脉，尤其是塑造了其独特的销售哲学和行为模式。

1. 使命驱动：为了亿万家庭的幸福，赋予销售崇高意义。这是方太销售人员的核心驱动力，不仅仅是卖出多少台油烟机或洗碗机，而是深刻理解他们是在"为亿万家庭的幸福"贡献力量。这让他们摆脱了单纯推销产品的思维，转而思考如何通过高品质的产品和服务，真正解决用户痛点（如油烟困扰、清洗麻烦），提升用户的生活品质、健康水平和幸福感。销售沟通的升华，与客户沟通时，方太的销售人员天然地会从"家庭幸福"的角度出发。他们会关注用户的实际生活场景、烹饪习惯、家庭成员健康需求，将产品功能（如吸油烟效果、易清洁设计、环保材质）与用户渴望的"安心、健康、有品位的生活方式"紧密连接。这使得销售过程不再是冷冰冰的交易，而是充满温度的价值共鸣和幸福生活解决方案提供。

2. 愿景引领：成为一家伟大的企业（顾客得安心、社会得正气），聚焦"顾客得安心"这一愿景特征直接指导销售行为。销售

的目标不仅是成交,更是确保顾客在整个购买、安装、使用、售后过程中都能"安心"。这要求销售人员具有诚信透明、专业可靠、长期服务意识。践行"社会得正气",方太的文化要求其成为优秀的企业公民。销售人员作为企业形象的重要窗口,其言行举止也承载着这一责任。在销售过程中,他们会自然地传递方太的环保理念(如节能技术)、对品质的极致追求,以及对诚信经营的坚持。这种正气的传递,不仅塑造了良好的品牌形象,也吸引了认同这种价值观的更多客户,建立了更深层次的品牌忠诚度。

3. 价值观落地:人品、企品、产品,"三品合一"是销售的核心竞争力。人品是根基,要求销售人员具备正直、诚信、负责、有同理心的品质。人品决定了销售行为的底线和高度,是赢得客户信任的基础。一个德才兼备的销售,其承诺才值得信赖。

企品是背书,方太作为企业所展现出的责任感、创新力、对品质的坚守、对社会正气的追求,为销售人员提供了强大的品牌背书。销售人员在介绍产品时,可以自信地讲述企业故事和价值观,增强客户对品牌的认同感和产品的信任度。

产品是载体,最终承载价值和满足需求的是高品质、高性能、有品位的产品。文化驱动下对产品的极致追求,确保了销售人员有底气、有自信地推荐。

"三品合一"要求销售人员在每一次与客户的接触中,都展现出个人良好的品德修养,传递企业正面的品牌形象,并推荐真正值得信赖的产品。这三者相辅相成,缺一不可。当客户感受到销售人员个人的真诚可靠、企业品牌的厚重担当以及产品本身的卓越品质完美统一时,信任便牢不可破,销售转化水到渠成,且能带来口碑传播。

文化如何转化为伟大的销售力量?

方太的案例清晰地展示了文化如何具体赋能销售:

1. 提供强大的内在驱动力:"为了亿万家庭的幸福"的使命,让销售工作超越了谋生手段,升华为一项有意义的、值得为之奋斗的事业。这种使命感能激发销售人员的热情、韧性和长期投入。

2. 塑造独特的销售语言和行为:文化定义了"对"的沟通方式和行为准则(如诚信、专业、关注家庭幸福),使销售行为与品牌核心价值保持一致,形成独特的、难以模仿的销售风格。

3. 建立深层次的客户信任:当客户感知到销售人员及其背后的企业是正直的、负责任的、真正关心用户福祉的,信任便自然产生。这种基于价值观的信任,是客户忠诚度和口碑推荐的核心。

4. 形成差异化竞争优势:在产品同质化严重的市场中,以文化为内核的销售体验(包括沟通方式、服务理念、品牌故事)成为最有力的差异化武器。方太能占据高端厨电领导地位,其深厚的文化底蕴和由此衍生的独特销售魅力功不可没。

5. 吸引和留住优秀人才:有灵魂、有使命的文化能吸引那些同样追求价值感和意义的优秀人才加入销售团队,并使他们愿意与企业共同成长,形成稳定、高素质的销售队伍。

方太的成功，特别是其在高端市场建立的强大品牌壁垒和持续增长的销售业绩，绝非偶然。其核心引擎之一，就是那深入骨髓、贯穿于从产品研发到销售服务每一个环节的企业文化。这种文化，赋予了方太销售人员一份"伟大"的力量：让他们不仅仅是产品的售卖者，更是健康生活方式的倡导者、家庭幸福的助力者、企业正气的传播者。这份由文化赋予的力量，塑造了销冠的格局与境界，也构建了企业难以被简单模仿的核心竞争力。在《复制销冠》的路上，深刻理解并构建强大的文化，是解锁持续卓越业绩的关键密码。

在方太两年半时间的深入学习，让我看到一家企业可以超越商业利益的方式去经营，与高管、员工只交流传统文化和心性，也能让企业迈进百亿级殿堂。这一切促使我更深度地思考自己工作的价值，并为本书的创作埋下了伏笔。

2. 营销战略让销售知道卖给谁、卖什么、怎么卖

战略是让业绩可持续增长的良性竞争策略。战略赢是大赢，战略输是大输。战略就是旗帜鲜明地告诉大家：我们做什么，不做什么，即我们聚焦在什么领域，用什么独到的专业技术和产品服务组合，为哪部分客户提供独特价值，帮助客户解决哪些痛点和难点问题、排除哪些障碍、创造什么价值、达成哪些目标。当我们高中基层的营销战略一致性打通了，明确知道我们未来三到五年要去向哪里：比如做到多少业绩和利润目标、

市场占比和客户数量质量、品牌口碑、知名度、美誉度、忠诚度等，以及如何做到，这份共识将形成一股超级强大的势能！使命赋予销售工作一份伟大的力量，而战略则为我们做出清晰可见的路径导航，让我们上下同频一起为客户创造价值，为公司赢得胜利，实现业绩倍增！

营销战略就是让销售清晰地知道卖给谁，卖什么，怎么卖。卖给谁是客户战略，谁是我们的客户，谁不是我们的客户，弱水三千只取一瓢，顶级营销一定找最精准的客户群，同时卖给第一的客户；卖什么是价值定位，客户买的不是产品服务，买的是价值，买的是独一无二的价值，产品是客户价值的化身，产品矩阵是实现客户终身价值的解决方案。怎么卖是营销4P：产品、定价、渠道、推广，从销售视角，最重要的牛鼻子是找到业务模式的闭环，比如，如何找到客户，如何跟进客户，如何成交客户，如何服务客户，如何做好客户复购和转介绍等。

3. 组织协同让销售轻装上阵，没有后顾之忧

最高效的组织是以客户为中心，实现从客户需求端来到满足客户需求端去的流程化组织，当组织内部的相关联部门：市场、研发、生产、采购、人力、财务、品控、售前技术支持、售后交付、客服等都以客户为中心，积极配合销售团队拿大单，沟通效率翻倍。比如，产品如期保质保量交付，市场部门为我们做了很多高质量的品牌营销宣传推广工作，研发和技术支持

部门快速响应并满足客户需求等,客户口碑和满意度超高,业绩倍增!

要实现组织高效协同,就要实现文化即业务。今天很多企业当中文化是文化,业务是业务,文化与业务是两张皮,组织要高效协同就必须实现两条腿走路,文化信仰和组织制度双管齐下,文化业务合二为一。企业文化三件套:使命、愿景、价值观,决定了我们企业内部倡导什么、抵制什么、道德底线、工作红线是什么,树立起标杆和榜样,员工就会在无形之中规范自己的行为。如果我们的老板和管理团队以身作则,率先垂范,用心用行动去真正践行我们的企业文化:感恩担当、合作共赢、精进创造等文化价值观,那么在这种土壤中成长起来的伙伴们,也会更加懂得真诚合作用心付出,去支持和帮助销售团队拿下大单。

4. 销售人才生产线让老板不被销售牛人绑架,不被销售弱者拖垮

当企业形成了完善的销售人员招聘、选拔、培育、复制、管理、评价、激励、晋升、淘汰体系,并有专人专职负责,每一项都有相对完善的体系化运营的东西,层层夯实基本功,构建了不依赖于人的平台赋能能力和复制体系,老板就再也不会被销售牛人绑架,被销售弱者拖垮了。

现实情况是,有些销售老人无视公司纪律,甚至飞单触犯

公司的红线，身在曹营心在汉，老板也不敢开除他们，因为没人！销售新人招不到、干不好、留不住、出单难，即使半年干不出业绩，过了试用期好久没有成果，公司也不敢拿他们怎么样，因为没人！人招不进来，好不容易招进来了又干不好，销售团队青黄不接，人才断层严重，一团死水，没有激情、没有活力，没有销冠人才，没有大客户开发人才，没有企业发展的"四大金刚"和"五虎上将"等，这是我们实现业绩倍增路上最大的拦路虎。因此我们只有把人才生产线搭建好：比如新兵连、销冠速成班、少将营、大将营，像生产产品一样去培养复制人才，只有销冠辈出，人才济济，良将如潮，才会有业绩倍增！只有销售团队能力倍增，才会有收入倍增，也只有客户价值倍增，公司才会有业绩倍增。

5. 大营销体系给销售提供源源不断的弹药工具库

大营销体系建设是指总部要逐步健全相关销售制度、流程、标准、动作，从过去情理法管理转变到法理情的管理。

总部要建企业大学和研发销冠秘籍，为复制销冠业绩倍增造好土壤。

市场部每月做好对手竞争态势分析和研讨应对方案，研究并制订动态的销售策略。

总部要做好赋能、激励、管控的黄金三角销售管理体系。

总部要完善大营销组织，市场、销售、客服三个部门的协同增效。

总部要完善线上线下、公域私域、线上获客、私域运营、天地人网营销体系建设。而其中形成配套完善的高中基层营销能力体系建设则至关重要，因为所有的一切都是人在事前、事在人为。

营销副总的领导魅力、建设系统的能力、选拔并感召优秀人才的能力、组建团队并做好营销布局的能力、搞定大客户的专业能力和服务能力、定期开展市场活动的能力、带领团队持续打胜仗，引领公司业绩持续高增长的实力等，一将无能累死三军，得将帅者得天下！

营销总监自身的业务水平实力、带教能力、业务辅导能力、协调团结伙伴一起拿成果的能力、专业和服务客户的能力、成就伙伴大爱付出的格局胸怀情操境界等，他们是腰部力量，承上启下，只有腰部力量足够强大，企业才会转速快、业绩好。

销售伙伴们的能力建设，他们有没有梦想和企图心，有没有成就客户、成就公司和自己的使命感和荣辱心，有没有成为销售冠军的基因、渴望和思维认知，他们怎样找精准客户名单、打电话、做拜访，怎样开发大客户，怎样挖掘需求塑造价值、解除客户异议和顾虑，怎么做成交，怎么做服务，让客户复购和转介绍源源不断，大单大业绩持续生发。

最后，还要对我们的经销商、代理商们的团队要求和赋能帮扶也是一样的，一切围绕业绩倍增，缺啥补啥，唯有如此才能持续改善，持续增长。

第二章
完善业绩倍增系统工程，实现系统增长

6. 五种人机制设计让大家齐心协力拿大单

当我们的战略进行调整时，我们的组织就要跟着调整，更重要的是我们要及时建立起配套战略和组织科学、合理的激励机制。请思考以下问题：

> 1. 针对销售老人，怎么设计合理的机制去激活他们？
>
> 2. 针对销售新人，如何考核，让其能够快速出单？
>
> 3. 针对营销总监，提成绩效怎样设计，让他们能够尽心尽力去培养好团队伙伴，帮助伙伴快速成长出单？
>
> 4. 针对分公司总经理，到底是业绩提成，还是利润提成？到底是考核业绩指标，还是考核人才指标？权重如何配比？针对销售团队的晋升通道和发展规划如何设计？如何通过物质激励、荣誉激励、事业股权激励等综合激励机制让伙伴们指哪打哪，上下同频实现业绩倍增？
>
> 5. 针对支持销售的相关联部门，如何通过机制设计让他们齐心协力、全力以赴协助销售拿大单？

除了五种人机制设计，我们还可以开展大客户开发竞赛、新客户开发量比拼、感动客户故事大赛、超级客户案例大赛、新人如何快速出第一单、老客户转介绍妙招、提案高手打擂台等，我们可以通过设计一系列比赛激励来实现。激励机制就是一根魔法棒，我们想要什么都可以通过它来实现，让销售团队指哪打哪。

激励机制也是一把双刃剑，有利有弊，要把握度，做偏了会产生不良后果，因此这是一门艺术，也是一门科学，每个企业情况不一样，都需要我们全盘考虑、用心斟酌、系统科学设计，需要十分慎重，必要时一定要请教相关专家做下把关，才能少走弯路。

业绩倍增系统工程，集文化、战略、组织、人才、大营销体系建设、机制设计等多位一体，是个大整体，它的重要性功在当代，利在千秋，它是企业持续做大做强的根基，是把企业最宝贵的经验和最佳实践串联起来，形成企业自己的硬核竞争力和宝贵资产。这才是企业最大的财富传承，远比盖个高楼大厦、建个厂房设备生产线配套设施齐全的产业园值钱。

第三章
CHAPTER 3

十步法制订业绩倍增战略地图

打仗之前，首先要明确我们为何而战
为谁而战，要师出有名

明确就是力量，对美好未来的憧憬就是销售人员的灯塔

年度指标通过天罗地网实现精准导航

常规的策略只能带来常规的业绩
创新的策略才能带来突破性增长

销售动作一招制敌
动作极简，从上到下，一以贯之

高效执行要做好：两会一本、三每三对照

第三章
十步法制订业绩倍增战略地图

业绩倍增是个系统工程,除了做好文化、战略、组织、人才、大营销体系建设、机制设计等工作形成闭环外,还必须持续打通高中基层营销战略的一致性、上下同频、上下同欲、上下同力,实现业绩倍增。每次在"销售冠军复制"课程现场,我都会让老板带着营销副总、销售总监和销售团队伙伴们群策群力共创出我们业绩倍增的战略地图(详见图3-1),通过一张战略地图,让高中基层达成高度共识,业绩倍增地图十步法让大家想清楚、写清楚、讲清楚,最后回去才能把业绩倍增这件事情干明白,干漂亮。

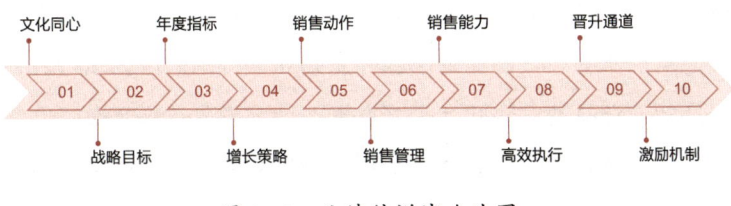

文化同心		年度指标		销售动作		销售能力		晋升通道	
01	02	03	04	05	06	07	08	09	10
	战略目标		增长策略		销售管理		高效执行		激励机制

图 3-1　业绩倍增战略地图

1. 上下同频者赢：文化同心、战略目标、年度指标、增长策略

"上下同频者赢"主要是指公司的高中基层人员之间思想同频、共识共振、步调一致，这是取得成功的关键。当大家能够保持一致的价值观、目标感和行动节奏时，团队的整体效能会显著提升，从而在竞争中脱颖而出。

十步法制订业绩倍增战略地图第一步：文化同心

打仗之前，首先要明确我们为何而战，为谁而战，要师出有名，上到老板，下到保安、前台都能背诵出我们公司的使命、愿景、价值观，不忘初心，方得始终，所有人都要坚守初心，用文化来凝聚人心。做企业调研时，我最喜欢问的一个问题，请说出我们公司的使命、愿景、价值观，问销售伙伴，答不上来，问销售管理者也答不上来，甚至最后问老板，老板也支支吾吾说不清楚，而经过文化同心的企业，每个人都能够对答如流，不仅背下来，还能讲出自己是如何践行的，自己践行后客户是如何评价的。因此我们要实现业绩倍增，首先要做好文化同心，只有正确的思想才会带来正确的战略选择，只有正确的战略选择才有正确的行为路径，只有正确的路径才会有正确的结果，这一切都是从文化同心开始的！

十步法制订业绩倍增地图第二步：战略目标

打仗之前，我们要想清楚公司未来3年、5年、10年将要

去向哪里，具体营收、利润、市场地位等。还要明确我们的战略定位，即为什么样的客户提供什么样的独一无二的价值，去解决他们的什么痛点，最后在客户心智中占领什么位置。战略目标非常重要，它明确指出了公司的发展方向和标准，有了战略才能够更好地凝聚人心，共同奔赴，让所有人每年都有新的期许和盼头，真正实现心往一处想，力往一处使。也让员工清晰地知道通过自己的努力，紧跟公司的发展步伐，未来3~5年，我能在公司拥有什么样的发展空间和薪资待遇。很多时候明确就是力量，对美好未来的憧憬就是销售人员的灯塔，时刻让销售团队眼里有光，脚下有力量。

十步法制订业绩倍增战略地图第三步：年度指标

我们要根据过往三年的历史数据表现和未来3~5年战略目标的牵引，自下而上、自上而下通过几轮反复讨论和共识，制定出今年的年度指标。千斤重担万人挑，人人头上有指标。要细化到每个分子公司、每家店铺、每个伙伴头上，细分到月到周到天。其中具体业绩数字对应到伙伴身上，伙伴要分解到对应的客户和产品上，其中老客户、新客户、大客户分别挂多少业绩，以及对应卖哪些产品和服务。我们叫天罗地网，天罗指的是时间上分解，从3~5年战略目标到年度指标，再到月，到周，到日。地网指的是人头上的分解，从总裁到副总裁、总监、部门主管、每个员工。同时还要分解到客户和产品上，分解到具体的营销活动上面，只有做好指标分解，才能真正找到有效的达标策略，接下来就是做好日经营，人人日日达标、周

周达标、月月达标，那么，我们的年度目标就达成了，因此年度指标也是达标的导航系统，通过天罗地网来做精准导航。

十步法制订业绩倍增战略地图第四步：增长策略

为了实现战略目标和年度指标，我们做什么才能支撑公司高质量增长？我们可以从：产品服务、团队、客户、市场营销四大维度进行思考。我们的战略级大单品是什么？我们做什么服务去持续实现客户价值和客户满意？我们销售团队的数量、质量、人效，以及干部队伍培养建设如何提升？我们的新客户、老客户、大客户可以做哪些服务和深耕挖潜，要开发多少数量，客单价要做多少？我们的重点市场在哪里？样板案例出来了吗，需要多少个？我们的品牌影响力和口碑怎么样，我们的品牌是否成为当地消费者的首选品牌？还有哪些市场刚刚进去，竞争非常激烈，但市场空间很大，如何去快速做大新市场？还有哪些市场是空白没有进入，接下来如何进入？还有我们广袤的海外市场有没有机会等。

增长机会和增长策略有很多，比如我们服务的肛肠连锁医院，他们为了实现业绩倍增，聚焦打造线下销售团队，专门开发企业团购体检客户和渠道合作，之前增长策略主要是线上引流和自然到店，并提出：开拓线下蓝海，再造一个公司的战略动员口号，效果非常棒，比如某分院就成功开发一个大客户，直接团购3000多人的体检服务，实现1000多万元的大单。

第三章
十步法制订业绩倍增战略地图

增长策略这件事一定不是老板和销售管理者单独想出来的，一定要发动群众和组织群众，从下到上，群策群力，走出去，请进来，对标标杆，对标销冠，智慧在民间，高手在一线，这里坚持一个原则：常规的策略只能带来常规的业绩，只有创新的策略才能带来突破性的增长。

2. 上下同力者强：销售动作、销售管理、销售能力、高效执行

我说的"上下同力者强"是指公司的高中基层都具备各自所需的能力和硬实力，并把个人目标与组织目标紧密结合，从而形成强大的合力。这种合力不仅能够提升团队的战斗力，还能激发成员的创造力和潜能，使团队强大赢得大业绩。

十步法制订业绩倍增战略地图第五步：销售动作

为了支撑增长策略的实现，每个销售伙伴每天的核心销售动作是什么？比如我们服务的佛山中央空调企业，他们是 B 端大客户和大项目制销售，那么销售动作就是：寻辨精准大客户、大项目，通过高效拜访洽谈，然后带客户到总部工厂或者当地标杆案例工程参观考察，根据需要举行技术交流会和高层见面会晤等，最终促进商务合作成功。不同的销售模式，销售流程、标准、动作都会不一样，我们要找到核心中的核心，关键中的关键，简化流程，指导销售伙伴，抓住本质，帮助伙伴们快速提升能级。在销售动作上我一直主张：一招制敌，动作极简，

从上到下，一以贯之，唯有每个销售每天做的都是高价值的有效动作，才能保证销售价值最大化，才能支撑业绩的达成。

十步法制订业绩倍增战略地图第六步：销售管理

我们一定要形成赋能、激励、管控的销售管理黄金三角。做好销售团队每天的过程量管控：比如每人每天拜访两家客户，CRM 定位打卡。做好销售团队每天的目标管理、心态管理、氛围管理，以及个性化的辅导支持，及时提供情绪价值。让伙伴们人在心也在，心在成果在。很多企业不敢管控，不会管控，一是没有人才梯队建设和人才储备，不敢要求伙伴，怕太严格他们就都跑了；二是没有管控、赋能、激励销售管理黄金三角同时发力，因为管控的前提是要赋能、要教导、要帮扶，做好每人每天有针对性地个性化的业务辅导支持，及时业务赋能、及时复盘总结、及时就地改进通关，让伙伴们的能力得到快速提升，让伙伴们有能力有意愿严格执行标准动作和管控要求，并且能够做出成果，看到功效，多多出单，尝到出单带来的甜头。同步，激励机制再配套跟上，以管控的过程量数据和行为结果数据作为评价的依据，干得好有奖励，干得差有相应惩罚，物质的精神的奖励同时跟上，奖要奖得心花怒放，罚要罚得胆战心惊，让伙伴们不得不快速奔跑，销售团队的活力就有效激活了，过程可控、成长可见，业绩一定倍增。优秀的销售管理者不是把单子分给伙伴，而是把成功的阶梯放到伙伴们脚下。优秀的销售管理者不是放养员工，更不是放纵员工不管，而应该是强管控强赋能。

第三章
十步法制订业绩倍增战略地图

AI 智能时代，我们可以让销售管理插上 AI 的翅膀，实现业绩的腾飞，我们公司参与研发的 AI 销冠系统就能帮助管理者提升 10 倍效率，做好销售过程管理。

十步法制订业绩倍增战略地图第七步：销售能力

通过过程管理和结果管理，透过数据看本质，通过本质抓管理，倒推出销售伙伴缺哪块能力，就补哪块能力。比如寻辨大客户、电话筛选、高效拜访、挖掘需求、塑造价值、解除异议、果断成交、极致服务等 8 大能力，哪个能力不足就补哪个能力，这 8 大销冠必备的硬实力会在后文详细展开。

作为销售管理者要根据每个销售伙伴的不同特点情况，有侧重点、有针对性地进行个性化量身定制帮扶提升：

第一种情况：销售员客户很少，可能是客户画像不清晰，或者寻找路径不明，不知道去哪里寻找客户，浪费了很多时间在不精准的客户身上。有的伙伴很可能他的时间管理不恰当，做了很多事务性的行政工作，没有抓重点，客户关系管理技能比较弱，也许他的个人动力不足，没有什么进取心，还有电话恐惧症，这个时候我们的总监就要找他谈话，树立目标，盯紧过程，帮他分析每个线索质量，告诉他寻找客户的有效路径，提升他的电话开发技巧和客户关系管理能力等。

第二种情况，销售员意向客户很多，可产品展示或者上门提案做得很少，可能他不够专业，不能很好地挖掘客户需求，提供专业化解决方案，有效激发客户兴趣。也可能是他缺乏个性化跟进服务和洞察，话术生硬、解决方案千篇一律，没有用心对待客户，不能与客户建立很好的信任关系。这个时候我们的辅导就要帮他提升专业能力，进行客户分析，针对不同的客户类型提炼不同的痛点、需求和专业化解决方案。

第三种情况，销售员做了大量上门提案展示产品的工作，但成交的客户很少。原因可能是决策者没有参与提案，或者决策者参与了，但没有有效激发客户的购买急迫感，没有深挖客户的痛点，让他意识到这个问题不解决将带来什么样的严重后果和牵连影响，没有让决策者意识到使用我们的产品服务后，将带来多少价值利益和好处，无论是问题不解决带来的严重后果还是问题有效解决带来的好处价值，我们最好都能用数字或者货币呈现说明，或者举客户见证案例让其信服。总之，我们要围绕复制销冠业绩倍增，缺啥补啥，对每个伙伴进行剥洋葱式分析，然后定制个性化辅导，提升其销售能力，及时做好标杆学习分享、复盘改进和总结教授。

十步法制订业绩倍增战略地图第八步：高效执行

每人每天的工作安排，最好细化到每个小时，做好每个岗位的时间圆饼图。提前一天做好规划，领导要做好指导跟进，积极向8小时要效益要成果。现在移动互联网非常发达，以前人们经常说，天上一天，地上一年。现在也是非常应景：手机5分钟，人间两小时。销售伙伴们如果没有强烈的目标感，没有工作时间圆饼图，没有领导的赋能、管控和监督，很容易沦陷，一天时间下来就在各种短视频和网络游戏里度过了，没有时间的有效保证，没有有效过程量的支撑，那么业绩目标如何去达成呢？

在高效执行这件事上，作为管理者可以借助两会一本做检查，因为检查力就是执行力，领导者就是检查者，检查的频次越高，执行力越强，因此晨会和夕会一定要利用好，开好两会，同时全员运用《销冠日志》做好日经营，养成销冠的习惯，还有一个执行力工具叫三每三对照：每人每天每件事，早上对照目标，中间对照过程，晚上对照结果，也非常实用。

3. 上下同欲者胜：晋升通道，激励机制

"上下同欲者胜"是指公司的高中基层对达成目标的渴望和信心非常强烈，对达成目标后大家的奖罚结果非常清晰，这时大家就会铆足劲朝着共同的目标去拼命努力，这样的虎狼之师将会所向披靡攻无不克战无不胜。

十步法制订业绩倍增战略地图第九步：晋升通道

晋升通道很重要，要让每一个新伙伴进来公司都清晰地知道：

第一，晋升条件：我的业绩（新客户业绩和总业绩）达到多少万、专业通关能力、过程量考评等达到什么水平就可以自动晋升。每个级别的晋升都对应不同的薪资水平。

每个公司根据自己的实际情况，进行每个季度或者半年度的动态星级评定。让伙伴们知道要拿多少钱工资、做几星级销售都是自己说了算，拼命干业绩、使劲提升自己的专业能力和

做好过程量等行为动作要求，就会梦想成真。

第二，销售管理线晋升：从销售晋升销售主管、总监、分总、集团营销总经理等。

第三，销售专业线晋升：大客户销售、提案专家、集团特种兵等。

第四，总部晋升：晋升为总部政委或者人力资源，负责招聘培训和员工关系管理。记住，最懂业务的二线职能部门一定是最吃香和最值钱的。

第五，晋升为事业合伙人，优秀销冠也可以单挑一个空白市场，或者负责一条产品线，成为公司的合伙人。

总之，有效的晋升通道能够让伙伴们看到发展的希望，留住销冠人才。

十步法制订业绩倍增战略地图第十步：激励机制

销售就是一场竞赛，我们要善于造冠军摇篮，让销冠辈出、业绩倍增，让销售人员看到的、听到的、感受到的都是对销冠和销冠精神的推崇和嘉奖。不仅有日冠、周冠、月冠、半年冠、年冠各种奖项，还有个人的销冠、团队销冠、分子公司销冠、吉尼斯最高纪录奖，而且也有新人黑马奖，还有千万级销冠俱乐部等。还要有隆重的颁奖仪式：红毯、鲜花、掌声、皇冠，公司的文化墙应该有一大块面积是我们的英雄榜，张贴出各种各样的销冠照片。奖品不仅有奖金，还有各种各样的物质和精神奖励。

老板要用心打造冠军摇篮，这是一把手工程，老板重视，

第三章
十步法制订业绩倍增战略地图

全员才会重视,老板参与,全员才会充满力量。同时在公司要做好冠军文化宣讲,让销售冠军成为我们每个伙伴心目中的偶像和榜样,成为我们的英雄,达到奖励一个人带动千千万的效果。

公司还要给出相应的机制保障,集团、分子公司再到每个销售团队,我们都要有对应的冠军激励机制:年度、半年度、月度、每周、每日的销冠,比如日业绩3万以上的第一名就是分公司的日冠,奖励50元;月业绩200万以上的第一名就是集团月冠,奖励1万元;年度业绩1000万以上的第一名就是年度销冠,奖励15万元等,每家企业可以根据自己公司的实际情况量身定制。

十步法制订业绩倍增战略地图真的很神奇,我们步步都要踩在莲花上,每做好其中一步,都对齐和支撑战略目标达标,每做好其中一步,都对齐和支撑年度指标完成。这个地图高中基层都要步步深化、步步为营、步步落实,时时刻刻做好上下同频同欲同力,实现业绩倍增。

下篇

复制销冠的底层规律

第四章
CHAPTER 4

认知到不了的地方，
行为永远做不到位

认知的边界决定了你的能力边界
也决定了你的业绩边界

做销售就是利他、就是乐于助人
不是索取，不是求人气短

信任是成交的基石，需求是成交的钥匙
价值是成交的理由

奋斗就是为客户创造价值的任何微小活动
以及在准备过程中为充实和提高自己所做的努力

持续的业绩增长来自
持续实现客户价值和实现客户满意

千军万马必须千训万战
才能把优质产品带给千家万户
幸福亿万家庭

第四章
认知到不了的地方,行为永远做不到位

这些年来,我一直聚焦销售领域,在与企业家交流的过程中,我发现可以用一句话总结这些年的经历:认知到不了的地方,行为永远做不到位。

你有什么样的认知,你就会有什么样的思维模式,进而决定你的人生态度、行为模式,以及最终的结果。而这一切最终会塑造我们的惯性思维,认知就像 CPU 软件系统一样,影响着我们人生的幸福指数。可以说,认知的边界决定了能力的边界,认知边界也决定了业绩的边界。

我认为,若想复制销冠实现业绩倍增,老板、管理者和销售必须具备十大认知。

1. 销售的本质是什么?

我给出的答案是仁爱利他,是以仁爱利他之心去成就客户,帮助客户解决问题、达成目标、排除障碍、创造价值,利他爱他懂他成就他。

商业的本质是价值交换,而销售就是用自己的专业、通过

产品和服务去帮助客户解决问题、达成目标、排除障碍、创造价值，客户就会满意地选择我们，给我们订单，因此，做销售就是利他，做销售不是索取，不是求人气短，当我们把握销售本质的时候，我们就会拥有无穷的力量，我们就会带着爱去做销售，为爱成交，并且把爱传下去。爱是一切成功的最大秘密，爱具备无与伦比的力量，在掌握了爱的艺术之前，我只算销售场上的无名小卒，当我有了爱，我将成为世界上最伟大的推销员。

2. 成交的本质是什么？

我给出的答案是六个字：信任、需求、价值。

信任是成交的基石，没有信任，一切都是空谈。若客户对你高度信任，无论你推销何种产品或解决方案，他们都会欣然接受。若客户对你没有信任，即使再好的产品和服务，他们都不会接受。所以，在成交过程中，信任需先行一步。客户信任你，即使你的产品只有 60 分，客户也会买单。如果客户不信任你，即使你的产品 100 分，客户仍然不会买，就是这么简单粗暴的道理。

需求是成交的钥匙。需求指的是客户在业务方面存在的问题以及想要达成的目标。需求等于需要乘以购买力，两者缺一不可。

价值是成交的理由。要成交客户就要给客户创造一个独一无二的购买理由，价值是什么？价值就是客户的利益，客户利益具体包括质量好、服务好、响应速度快、购买成本合理、购买便利，再简化就是四个字：多快好省。

比如，客户选择淘宝是因为上面产品多，想买什么都能找得到；客户选择京东是因为它快，当日达或次日达；客户选择唯品会是因为它好，都是世界大品牌，品质有保障；客户选择拼多多是因为它省，拼团 9.9 还包邮。那么客户选择我们的理由是什么呢？

3. 需求的本质是什么？

需求等于需要乘以购买力。

客户的需求主要包括三个方面：第一就是客户的痛点、难点、痒点、卡点、障碍点、挑战点；第二就是客户想要达成的目标、愿景，这两点概括为找到客户的痛和客户的梦；第三就是有购买力，愿意立马花钱来解决问题。

因此，找到有迫切需求并且有购买力和决策力的客户，将使我们的成交事半功倍。

我们"销售冠军复制"训战班的客户，基本上是当销售团队出现问题，比如：没有激情没有斗志，业绩达标率低，业绩出现严重下滑，老板很焦虑很着急，所以找我们。另外一种就是客户有非常明确的增长需求和目标，比如，我们服务的化工企业明确提出 3 年 100 亿的目标，所以急需我们去给他们做销

售赋能，通过销售团队能力的提升，促成战略目标达成，同时所有客户都符合具备购买力的条件，愿意花钱投资销售团队成长。因此，真需求就是客户愿意立马花钱花时间花精力去解决的痛点和问题，想要达成的目标。

4. 客户价值包含什么？

　　客户永远是为价值买单。这里的价值是客户能够感知到的，涵盖功能价值、产品价值、经济价值（价格是否合理）、资产价值（是否保值增值），还有情绪价值。

　　如何让客户快乐地购买，让他们在消费过程中获得如上帝般的荣耀感、愉悦感或存在感，这些情绪价值极为重要。实际上，价值除了产品的实际价值外，更多是客户的感知，这也为销售员提供了广阔的发挥空间。要竭尽全力为客户提供情绪价值，让客户开心、快乐、幸福地购买产品。

　　很多年轻人都爱买泡泡玛特，他们买的是功能价值吗？显然不是主要目的，他们买的是陪伴的情绪价值和收藏的资产价值。那么，我们华全赢咨询的客户价值是什么？就是超高性价比，就是给客户创造多倍的投资回报，老板给员工花6800元学习《销售冠军复制》课程，相当于给员工多发一个月工资，经过我们的训战结合，销售用接下来一年的时间，帮老板多赚6.8万或者68万，智慧的老板都懂得团队学习这件事是投资回报率最高的投资。

第四章
认知到不了的地方，行为永远做不到位

5. 营销组织战斗力的本质是什么？

为何有的组织攻无不克、战无不胜、骁勇善战呢？有的组织人心涣散、一盘散沙、毫无战斗力呢？营销组织的战斗力本质是什么？

第一，组织能量。能量即内心的精神力量，也就是我们常说的"心力"。面对挫折、打击、困难与挑战，组织能展现出积极向上、向善的力量，直面问题、解决问题并达成目标，这便是组织的能量。组织的能量极为重要，它是组织的精神内核，极具战斗力。我们要通过教育唤醒能量，以智慧启迪智慧，以心灵滋养心灵，以生命影响生命。

第二，组织能力。这包括老板营销战略的正确性，是否打通了营销战略高中基层的一致性；营销副总搞定大客户、组建团队、招选、培养及带教人才的能力；还有营销总监带领伙伴、服务客户的能力。我们全体销售人员需具备创造大业绩的能力，包括精准找到客户、高效跟进、促成购买、做好服务，进而实现客户转介绍与复购的循环。组织能力体现在营销线上，高中基层人员的能力要与岗位价值高度匹配，具备胜任岗位的能力。我们要通过训战持续提升能力、复制能力。

第三，集体奋斗精神。老板应以身作则，喊出"向我看齐"的口号。许多老板在赚到钱后，因缺乏高远目标和崇高使命感，容易骄傲自满。如此一来，伙伴们便难以从他们身上看到奋斗

精神。所以，在营销战线上，从老板到高中基层，是否具备奋斗精神至关重要。特别是在经济下行时期，组织内是否拥有坚定达标的信念、决心和超强行动力，能否产生同频共振的向心力，这一点尤为关键。

6. 何为奋斗？

刚刚提到要发挥集体奋斗精神，那么奋斗究竟是什么呢？奋斗的定义是为客户创造价值的任何微小活动，以及在准备过程中为充实和提高自己所做的努力。若不满足两个条件，再苦再累也不能称之为奋斗。

当我们能力不足时，集体学习、集体读书，共同进步，这也叫奋斗，因为这是为充实和提高自己所付出的努力。我们要避免做无用功，要在高价值区域重复做有效劳动，杜绝在低价值区域重复做无效劳动。当销冠再一次出征时，要明确自身行动的意义。主观上，我们是为自己和家人拼搏；客观上，是为公司和客户创造价值。奋斗者永远是先成就大家，再温暖小家。革命者永远青春，奋斗者永远年轻！

7. 销冠的影响力来自哪里？

影响力就是价值力，若想成为销冠，就要刻意练习修炼销冠的影响力。我建议可以从以下四个方面进行修炼：

第四章
认知到不了的地方，行为永远做不到位

第一，气场修炼。气场也就是能量场，于万仞之上，推千钧之石，这就是势能。在销售领域，不少销售员觉得客户高高在上，自己则很卑微，实际上，我们与客户在人格和地位上是平等的，但由于客户在身份、社会地位、财富等方面的优势，我们的气场可能会稍弱，因此，我们要不断暗示自己：我是来帮助客户的，我是来成就客户的，在这个领域我是绝对的专家，助人为乐，这样当我们出现在客户面前时，我们才能做到高能量，我们的精神面貌、专业气质、敬业精神就会火力全开、气场十足。

第二，气质修炼。比如真诚、自信、坚定、诚实守信、有气度。有气度，就是指你的心中能容纳多少人。要能换位思考，心中装得下客户、公司和组织的利益，将他们的利益放在心上，才能做到同理共情他人，当出现利益分歧时，才不至于过于情绪化。你看几乎所有的销冠都是气宇轩昂，气度不凡，气质极佳的，看上去非常讨人喜欢。

第三，专业素养修炼。我们要能清晰阐述客户所遇问题背后的原因、解决方案，以及底层逻辑，充分展现专业实力。不仅要精准指出问题根源，提供专业、权威的解决方案，还要做到知其然更知其所以然。对于客户的显性问题，我们要了解得更深入；对于客户的隐性问题，我们要深度挖掘并考虑得更周全。同时，我们要善于讲述客户案例故事，将专业知识融入其中，让客户更好地理解。

第四，情绪把控修炼。任何一位销冠都非常擅长察言观色，

善于观察客户的情绪,并巧妙利用客户的情绪。客户的情绪一般包括以下五种:希望、爱、恨、恐惧和遗憾。我们不难发现,很多客户在做决策时都会受到情绪的影响。

比如,有的客户特别渴望瘦身、特别爱美,怀揣着拥有美丽身材和模样的希望,便会毫不犹豫地掏钱买单健身整形。还有很多客户购买保单,是因为他们对风险感到担忧和恐惧。因此,销售人员要善于把握客户的这些情绪,以便达成交易。

8. 持续的业绩增长来源于什么?

持续的商业成功不是单次交易的结果,而是客户价值与满意度在时间维度上的"复利积累"。佛山中央空调企业与富士康合作25年创造近20亿产值的案例,正是这种复利效应的典型体现。

一、价值实现的三个持续性维度

1. 技术适配的迭代性:从初期满足基础制冷需求,到后期开发精密车间恒温恒湿系统。每年投入经费研发,匹配富士康生产线升级节奏。

2. 成本优化的持续性:通过规模化采购使富士康设备维护成本降低。建立专属备件仓库实现应急响应。

3. 服务体系的共生性:派驻专业的工程师常驻富士康,参与设备的调试、维修、改进、管理。

第四章
认知到不了的地方，行为永远做不到位

二、满意度建设的三重保障

1. 预期管理维度：及时响应，出现问题从不推诿，及时按照富士康要求立马改进。即使疫情期间，方案、报价、货期、安装、服务等全方位配合，连出口越南都正常供货和服务。

2. 惊喜创造维度：利用富士康的生产数据做能耗优化提案。

3. 强大的公司做后盾，董事长蔡总亲自挂帅高度重视，过硬的产品质量做承接，以深圳分公司负责人为首的专业销售团队提供用心极致的服务：工作细致，办事靠谱，人脉关系的深耕维护，并持之以恒。

真正的销售复利，在于把客户的成功当作自己的KPI。佛山中央空调企业25年服务富士康的案例证明，当客户价值实现成为肌肉记忆，业绩增长就会转变为惯性运动——这20亿产值中，有形的可能是空调设备，无形的其实是很多次问题解决积累的信任资产。

9. 业绩增长公式是什么？

大家务必牢记，业绩增长公式 = 商机 * 到访率 * 转化率 * 客单价 * 复购率 / 销售周期

如果大家都想实现业绩倍增，那么这六个因子都至关重要。例如，我们该如何寻找"大鲸鱼客户"呢？

第一，商机。商机数量越多越好，需求越迫切越好，购买力越大越好。

第二，到访率。许多连锁店铺在网上引流卖出大量体验卡，但顾客是否到店消费呢？

第三，转化率。有些客户做了大量线上引流工作，引流固然重要，能让商机源源不断，但转化率如何呢？30%和50%的转化率，业绩可是有天壤之别。

第四，客单价。我们是否拥有高客单、高价值、高黏性的大单品？我们的伙伴是否具备专业实力，能够售出高客单的产品或服务？客户是否足够信任我们，愿意升单？这些都至关重要。

第五，复购率。我们能否为客户提供超出期望的体验和服务，让客户持续复购并进行转介绍？

第六，销售周期。你是3个月搞定一个大客户，还是3年才成功拿下一个？业绩产出显然大不相同。所以，业绩增长公式非常重要，公式中的六个因子相辅相成，每个都相当关键。我们要全面发力，而不是仅在商机引流上用功。如果你业绩不好，把上面6大因子一一打开分析，你一定会找到问题所在，百试不爽。

10. 销售方法论包含什么？

众多中国民营企业老板应注重构建企业的销售体系与方法论，实现从实践到理论，再由理论指导实践的良性循环。

销售方法论具体包含：销售流程、动作、标准、话术、营

第四章
认知到不了的地方，行为永远做不到位

销策略，以及建立赋能激励管控黄金三角的销售管理体系等。我们要把这些销售方法论变成销售宝典、销售秘籍、销售工具，新人一看这本"宝典"，就能心中有数，拥有全局观和系统观，清楚地知道每个步骤该如何做才能快速出单。最后最重要的就是做到持续训战团队，千军万马必须千训万战，才能把优质产品带给千家万户，幸福亿万家庭。本书接下来就会跟大家一一分享这套销售方法论。

第五章
CHAPTER 5

心门一开,万法自来

种下冠军的种子
没有做过销冠，不要说自己干过销售，这个很丢脸

人生最好的布施
莫过于在自己的心中种下一颗颗梦想的种子

相信相信的力量
销售是一条孤独的路，信念就是强心剂

永远付出，永远感恩：对客户十倍好，好十倍

**低谷不沦，高光不飘，永远感恩
才能获得恒常的大成功**

第五章
心门一开，万法自来

要想成为销冠、复制销冠就必须找到销冠必然成功路径图，这张图就是复制销冠太极八卦图（详见图5-1）。

太极八卦图揭示的是宇宙运行的规律，太极是八卦的核心，代表着宇宙的初始状态，即无极生太极，太极动而生阳，静而生阴，阴阳相互作用，形成了八卦。八卦则进一步细化了太极的概念，每个卦象都有其独特的象征意义和变化规律。

第1硬实力：第一纽扣
第2硬实力：电话筛选
第3硬实力：高效拜访
第4硬实力：探寻需求
第5硬实力：价值塑造
第6硬实力：解除异议
第7硬实力：果断成交
第8硬实力：极致服务

3大思维：
以客户为中心
专业创造价值
简单听话照做

3大心法：
种下冠军的种子
相信相信的力量
永远付出永远感恩

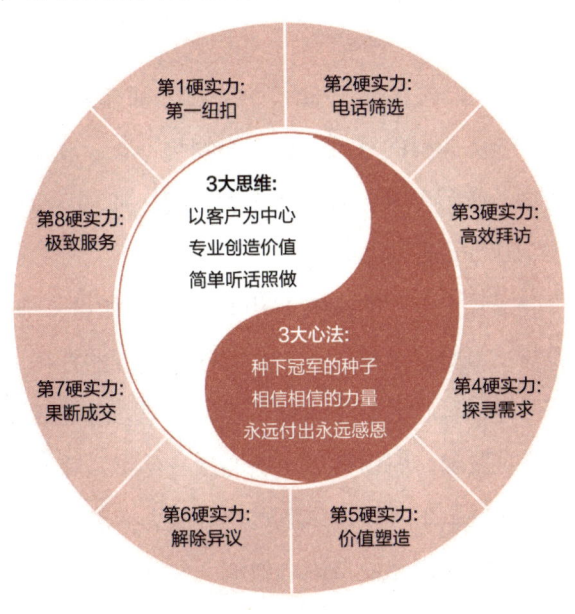

图5-1　复制销冠太极八卦图

我接触过成千上万的销冠，特别是近几年深度辅导服务了100多个销售团队，才猛然发现几乎所有的销冠速成都合乎这个底层逻辑，即三大心法——种下冠军的种子、相信相信的力量、永远付出永远感恩！三大思维——以客户为中心、专业创造价值、简单听话照做。八大硬实力——第一纽扣法则：找对池塘钓大鱼；电话筛选：做对流程高效跟进；高效拜访：63411模型让拜访事半功倍；探寻需求：让成交加速；价值塑造：点石成金；异议处理：LSCPA法则，化异议为订单；果断成交：把握时机，爱他你就成交他；极致服务：让大业绩源源不断。

三大心法、三大思维、八大硬实力，每一环都很重要，每一环都做对了，销冠就是你，只要有哪一环没做好，想拿销冠就会有很大的风险和不确定性。

接下来，我们先从心法开始。为什么心法这么重要呢？

渴望是一切拥有的开始，心不唤物物不至，没有冠军心就没有冠军命，心门不开，万法无效，心门一开，万法自来。渴望是打开心门的一把钥匙。

心力每提升1分，能量就提升10分，而能量每提升1分，能力就提升100分，从心力到能力是1∶1000的杠杆。有心力就能改变世界，有心力就能改变命运，有心力就能战胜一切困难。你有没有发现有时候你下定决心做一件事，开始的时候轰轰烈烈，然后就草草收场，这不是你的能力问题，往往是心力出了问题，心力就是你发自内心做成一件事的精神力量，稻盛和夫曾说过"真正决定一个人能走多远的是心力"，唤醒心力，

第五章
心门一开，万法自来

心变强大了，你就变强大了，你的世界就更大了。

我们要想成为销冠，可以从以下三大心法开始修炼：

1. 种下冠军的种子：没有做过销冠，不要说自己干过销售

人生最好的布施，莫过于在自己的心中种下一颗颗梦想的种子。做销售，就一定要怀揣成为销冠的梦想。

那么，何为梦想？梦想就是想起来很美，干起来有劲。梦想不够宏大，不算真正有梦想；梦想时而有、时而无，不算真正有梦想；梦想时而相信、时而怀疑，不算真正有梦想；时而行动、时而懈怠，也不算真正有梦想。真正有梦想、有使命、有担当的人，无论遭遇何种困难、挫折、打击与压力，都会全力以赴地去拼搏、去努力、去奋斗，而不是走走停停、左顾右盼、趴着不动、消极怠工，更不是心血来潮时跑两天，干两天，积极两天，一看没效果，就回头再说吧，又趴着不动了！三天打鱼、两天晒网，有时连你自己都烦自己！假梦想的人就是自欺欺人，假梦想的人永远得不到他人的尊重，假梦想很难获得成功！

2010年2月的一天下午，大四的我坐着一列绿皮火车，从湖南邵阳奔赴上海求职。大四实习时，我当了十个月店长，攒下一万多块钱，便怀揣着这笔积蓄，毅然闯荡上海滩。傍晚六点多，

我抵达上海。天色已黑，寒意刺骨。在这座城市，我举目无亲，不知该往何处去。我拖着箱子，在马路上来回走了七八趟。看到一家汉庭酒店要280元，囊中羞涩的我根本住不起。那一刻，孤独与无助如潮水般袭来，我边走边哭。路上车水马龙，高楼大厦鳞次栉比。每一扇窗户都透出暖黄色的光，可偌大的上海，竟没有我的一处容身之所。我擦干眼泪，在心底暗暗发誓：钟华，你一定要加油，一定要在上海扎根！

我放弃了月薪4500元的人力资源工作，选择了底薪只有960元的销售工作，就是把培训课程卖给老板们！自此，工作中的每一天，我都兢兢业业、勤勤恳恳。我总是第一个到公司，最后一个离开。我无比珍视这份销售工作，因为我深知，销售创造财富上不封顶，要实现在上海扎根的梦想，就得靠销售赚更多的钱。于是，我拼尽全力。当别人不打电话，聚在一起聊天、嗑瓜子时，我像个执着的"傻子"，天天坐在工位上打电话。我不断开发新客户，用心服务老客户，还想尽办法借力借势开发大客户。

第一年，我就脱颖而出，成为新人销冠。当时85人面试，最终仅留下15人。第一年，我业绩47万多。经过两年多的努力，我成为集团千人销售冠军，还成了皇家军上海公司的三连冠。2013年，我赚到了人生的第一个一百万，在上海买了一套85平方米的房子。面积虽不大，可我却感到无比幸福，因为心中那颗梦想的种子，终于开花结果了！当年我获得公司销售冠军时，公司奖励了我一辆车，拥有车子的梦想就此实现。回首这16年的奋斗历程，我惊喜地发现，曾经在心中种下的梦想种子，都已生根发

第五章
心门一开,万法自来

芽开花结果。无论是买房买车,还是创业当老板,抑或是五子登科的梦想,都一一照进了现实。

我特别想对所有销售人员说,我们每个人都应在心中种下梦想的种子。只要我们无比坚信、全力以赴,向下扎根汲取力量,向上生长追逐阳光,梦想就一定会成真。

这里推荐我用过的三种工具助力大家种下冠军的种子。

工具1:制作梦想版。每年都要将自己的事业目标、财富目标、学习成长目标、人际关系目标、家庭生活目标、健康目标以及这六个维度的目标,转化为可视化的梦想版。可以把它贴在床头柜上,设为手机屏保或电脑屏保,让它时刻激励我们为梦想拼搏。当你足够努力、足够渴望,并付诸行动时,所有梦想都会逐一实现。所以,每年都要认真制定属于自己的梦想版。

工具2:寻找人生榜样。我们要找到那个让自己向往其生活、渴望拥有其一切的人,将其视为人生的标杆。我们敬佩、仰慕、无比崇拜这位榜样,渴望过上和榜样一样精彩的生活。所以,人生一定要有一个好的榜样引领前行。

工具3:销冠日志。我用16年时间研发的复制销冠的工具——销冠日志,就是助力销售员实现梦想的得力助手。销冠日志陪伴你365天,每天问你:今天打款目标是多少、跟进的客户有哪些以及关键行动123?每天下班前反省:今天我健身跑步了吗?我学习进步了吗?有哪些我需要改过和反省的?助力我们销售养成良好的高效工作习惯,确保有效劳动,帮助大家成为销冠，实现梦想。

我最喜欢的一句话就是：人生最好的布施，莫过于在自己的心中种下一颗颗梦想的种子。我大学毕业16年来的成长经历证明，只要心怀梦想，就一定能实现。我创业4年多来，服务了100多个销售团队。我发现，无论是企业、团队，还是个人，只要有梦想，就能达成既定目标。

浙江的一家铜阀门龙头企业其国际销售占比约80%，国内销售占20%。2021年，受疫情影响，无法拜访全球客户，也参加不了展会；国内原材料铜的价格从35000元/吨涨到了55000元/吨；国内市场低价恶性竞争激烈，大家都在豪赌铜价下降，导致国内市场低价血拼；船只紧张，一船难求，船费也高得离谱；汇率波动很大。在这种内外交困的情况下，这家有着36年历史的老牌铜阀门企业的总经理郑总意志坚定，他表示一定要打赢这场仗，还定下了3年15亿、5年20亿、10年50亿的目标。

一年陪跑下来，通过6次训战，每两个月入企一次，每次两天一晚的训战，我和总经理说：不是您给我100万我就能帮助您达成业绩目标的，这个业绩目标一定是您渴望的，所以我每次训战您必须全程都在场，您能不能做到？能做到我就接。郑总的决心非常大，在郑总的领导下，以及营销副总的全力以赴带领下，在营销总监们的辛勤付出下，我带领全员销售团队40多人持续训战，提升心力、能力和执行力，通过共同的努力，最终2021年，这家企业销售额从7亿到10亿完美跨越。其中一个销售团队年初定的目标是 2.42 个亿，最终完成 3.57 个亿。很多销售老人、新人，都实现了业绩的飙升，拿到了销冠殊荣。

我特别感动的是：每一次训战，他们都非常认真，没有人迟到，也没有人请假，作业品质非常高。我们要求大家每天 AB 搭档模拟对练提升专业能力，即使他们出差了，在高铁上，他们都会打视频进行对练。他们的过程量百分百达标，因为我们给他们做了这种过程量的考核、检查追踪、评定，大家都非常自觉，因为只有过程量到位，才能确保你的业绩达标。我负责把销售团队的心态、心力、能量状态、能力给他们提升上去，然后配备完善的检查追踪机制。团队只要状态在线、过程量在线、专业能力得到提升，他们的业绩一定不会差。

郏总说的：业绩好的时候我们更要努力学习，迎战日后市场激烈的竞争。做企业 36 年来，以前想都不敢想、定都不敢定的目标，现在我和我们团队都有信心去做到，之前我们年度目标压都压不下去，讨价还价，还反弹，现在我们的目标都不够分，一下子就抢光了；过去老人都不愿意带新人，也不愿意晋升，格局就在公司围墙内，现在大家格局都打开了，纷纷向公司提出来申请要带人，这一切变化的背后都是大家的心门打开了，认知提高了。

2. 相信相信的力量：销售是一条孤独的路，信念就是强心剂

什么是信念呢？信念就是你预先相信的事情，是一种确定

的感觉。我坚信，凡事只要心怀信念，就已然成功了一半。销售员为什么要有信念呢？因为没有信念，一个人就会像无头苍蝇般四处乱撞，既无目标、动力，也无方向。整天抱怨、怀疑、朝三暮四、停滞不前，就像一只"职业跳蚤"，身在一家公司，心却总想着隔壁家会不会更好？实际上，若自身不做出改变，无论换多少家公司做销售，结果都大同小异。

在孤独的销售路上，信念就是强心剂，给予我们前行的力量。人生其实就是一道选择题，要么选择成功，要么选择失败。并非选择更换环境的问题，而是选择相信与否。选择相信，就意味着选择了成功；反之，则可能与成功失之交臂。人生的岔路口，一边是成功，一边是失败，何去何从，全在一念之间。

纵观那些成功人士，他们往往是先怀揣着坚定的信念，而后才看到成功的曙光；而平庸之辈，常常是看到了成果才选择相信；至于失败者，即便目睹了成功的可能，也依旧不相信。成功者先相信后看见，平庸者看见了才相信，失败者看见了也不信。

要成为销售冠军，我们必须具备三大信念。其一，要永远坚信我们的公司和产品能够为客户创造巨大的价值；其二，要始终相信我们所选择的平台足以承载并助力我们实现所有的梦想；其三，要时刻怀着一颗仁爱利他的初心，笃定自己必定能够成为顶级销冠。（详见图5-2）

第五章
心门一开,万法自来

平台信念
永远相信我们所选择的平台
能够承载并实现自己的梦想

三大信念

产品信念
永远相信我们公司和产品
能够为客户创造大价值

个人信念
永远怀着一颗仁爱利他之心
并坚信自己一定能够成为冠军

图 5-2 三大信念

2010 年,初入职场的我还是个刚大学毕业的销售小白。不少老员工都跟我说,2008 年金融危机后,经济下行,很多企业生意不好做,纷纷削减培训费用,销售工作特别难开展。

但那时的我想法很简单,一心只想当销售冠军,赚钱在上海扎根。在我看来,根本不存在经济环境差、企业效益不好、培训费用削减这些问题。我只知道要找到有培训预算、经营良好的企业老板,把他们发展成目标客户。我坚信自己一定能找到大客户,做出大业绩,我的世界纯粹而坚定。

公司当时推出了很多新课程,比如财务课程。很多小伙伴觉得新课风险大,第一期课程的标准和效果都难以保证,所以不建议感召客户参加。但我从来没有过这样的顾虑。我始终觉得,只要是董事长亲自把关的课程必定是最棒的,对企业家帮助也是最大的。所以财务课程开课的前三期,我每期都送几十位企业家老板和财务去学习。在我心中,选择简单地相信,相信我们的产品能助力客户,相信客户使用我们的培训咨询产品后,定能实现盈利与业绩的提升。

那时我的想法很纯粹很简单,坚信产品一定能帮到老板。怀揣着仁爱利他的发心和成为销冠的梦想,我笃定自己一定能达成目标。我也始终相信,自己选择的平台定能助我实现所有冠军梦想。最终证明,我的相信与选择无比正确。大学毕业后,我买房买车的梦想,通过持续做销冠,在行动教育一一实现了,我满怀感恩。

关于信念的故事,给你们讲讲我们服务的一位客户,这是山东滨州一家做波形沥青瓦的优秀企业,他们的销冠,我称呼他叫宋冠军。

2023年7月,宋冠军在跟进一个大客户,前期沟通十分顺利,价格发了,样品也寄了。可突然有一天,客户不回电话也不回信息了。宋冠军心里"咯噔"一下,心想坏了,八成是被竞争对手用低价撬走了。但低价产品除了价格低,品质根本没保障。他越想越担心。

于是,宋冠军立刻买了机票,从山东滨州直奔新疆。因为这个项目就在新疆,他根据样品地址费了一番功夫,找到了项目经理聂总的车,接着马不停蹄地赶到新疆哈密的施工现场。到那一看,果不其然,竞争对手提供的低价波形沥青瓦质量太差,在太阳的暴晒下都漏油了,就像我们吃的拔丝香蕉一样。

第五章
心门一开，万法自来

宋冠军忍不住吐槽："竞争对手的产品也就价格低，真是一分钱一分货，价格低，质量肯定就没有保障。客户要是选了这种低质产品，虽说采购成本可能降了点，但后续的售后、维修、维护成本可高得吓人，而且糟心透顶！"由于整个工程规模庞大，宋冠军立刻将相关照片和视频发给聂总，并急切地说道："聂总，千万不能用这家的产品，它质量太劣质了，后期维修成本会远远高出采购成本！"我们家的产品在90°的高温下都不会漏油。因为我们采用的是上市公司出品的优质原材料，无论是原材料，还是制作工艺，质量都有十足的保证。"

最后，聂总被宋冠军的真诚和专业打动，果断退掉竞争对手的产品，选择了宋冠军家的产品，这一单就是400多万。

这就是信念的力量，哪怕竞争对手的产品到了施工现场，有了坚定的信念，你也可以"虎口夺单"。

3. 永远付出永远感恩：对客户十倍好，好十倍

每一次成功的销售背后，都离不开团队的支持和客户的信任。销售人员要时刻怀有感恩之心，感谢客户的每一次选择和信任，才能在工作中保持积极的心态，不断进步。

第一，对客户要比对自己好十倍。 2010年我刚做销售时，悟出了这个道理：对客户要比对自己好十倍，十倍好。

那时，我的底薪只有960块，可房租就要1180块，这意味

着我每月工作还得倒贴钱，毕竟吃饭、坐车，以及其他开销都得花钱。生活的拮据让我不得不处处节省。然而，对待客户，我却极为大方。客户来现场学习时，我们定会送上最好的。就好比自己只舍得花 2 块钱买苹果，给客户却会花 20 块钱买最好的苹果。我们都是自掏腰包用心准备牛奶、王老吉、水果篮、书籍、日志等。如今，很多伙伴的服务进一步升级，为防止客户在课堂上犯困，我们会贴心地准备咖啡，考虑到酒店一次性的毛巾、牙刷、拖鞋品质欠佳，我们总是特别舍得为优质客户购买优质拖鞋、毛巾、牙刷、水杯等，这些服务成本公司分文不报，但大家依然全心全意地对待客户。

　　我们始终秉持着对客户比对自己好十倍的理念。我发现，客户都是成功人士，而成功人士都懂得感恩。当我们对客户好十倍时，他们定会百倍回馈，不仅会帮忙介绍新客户，还会持续复购。

　　我们在上海有一位做高端男装的客户，他们店里的服务员就因为服务特别好，感动了客户，等这位服装顾问结婚时，他的客户给他送了价值 20 万的钻戒表示感谢和祝贺。

　　他们对待大客户极为用心，大客户到访时甚至会闭店迎接。他们会提前了解客户喜欢的茶、咖啡和音乐。当客户的车子到达楼下时，伙伴们就主动去帮忙停车，有的伙伴会去网红餐厅帮客户排队占位，要是客户行程紧张，他们还会为其提供午餐。要是有客户的老婆、孩子或老人陪同客户来试衣服，他们也会为其准

第五章
心门一开，万法自来

备礼物。正如前面所说，你对客户好十倍，客户就会对你好百倍。所以，我们要把客户当作我们一辈子的亲人去用心对待、服务好！

第二，我们要付出不亚于任何人的努力。 正所谓"欲戴皇冠，必承其重"，要想成为销冠，就得比其他人都更勤奋、更努力。

我清晰地记得我做销冠那两三年的时光，高跟鞋都被我穿成了平底鞋。那两三年，我的床底下总是摆满了一排排鞋子。那时候，我没车，也打不起车，只能坐公共交通去跑客户，每天穿梭在大街小巷、高楼大厦和工业园之间。即便在将近40℃的高温下，为了收1000块钱的论坛费用，我来回坐四五个小时的地铁公交。

销售就是一场人生的苦修行，它能磨炼我们的心智，强大我们的内心，释放人性的光辉。每一个销冠的荣誉都来之不易，他们所付出的努力，是常人难以想象的。只有亲身经历过销售工作、做过客户服务的人，才能真正体会其中的酸甜苦辣。所以，若想成为销冠，就必须付出不亚于任何人的努力。台上的光鲜亮丽，源自台下的厚积薄发与默默耕耘。我们要借助销售这份工作，磨炼自己的心智，提升自身的能力，释放人性的光辉。在这条道路上，我们既能收获能力的成长，也能实现心性能量的提升，磨炼出坚强的意志，收获强大的内心。

第三，我们要永远心怀感恩，感恩生命中的所有遇见。 无论身处顺境还是逆境，都要相信一切都是最好的安排。

做销售的每一天,无论这一天是有所收获,还是一无所获,是得到,还是失去,是成功开单、顺利出单,还是遭遇拒绝、打击,甚至谩骂,无论这一天过得好与不好,每天晚上九点前,我们都要让自己的心态归零。明天早上八点太阳照常升起,崭新的一天开始,我们又能满血复活,继续奋斗,新的机会、新的大客户在等待着我们。做销售需要拥有一颗宁静的心,时刻保持这份宁静和从容,微笑着面对销售路上的苦与乐。

很多人容易走入一个死胡同或误区,在低谷时往往会深陷其中,几个月,甚至两三年都无法自拔,始终处于低落、悔恨、抱怨、怀疑、恐惧的负能量状态,在低谷里徘徊、痛苦、萎靡不振。实际上,在低谷时,我们每次只允许自己悲伤痛苦五分钟。五分钟后,就要快速调整,从低谷中咬紧牙关快速跳出来。做能让自己快乐的事,比如,吃美食、购物、运动,这些都是不错的选择。找到能让自己快速快乐起来、发泄负能量的方法至关重要。然而,许多销售人员在业绩不佳时,往往会陷入低谷,沦陷其中,难以自拔。白白浪费了原本可以重新出发的美好时光。

在低谷时,我们要咬紧牙关、迎难而上,明确目标,认识到困难和挫折是磨砺我们的"磨刀石"与"炼金石",这一切都再正常不过。我们应看淡困难,牢记梦想和目标,快速反弹。低谷的反弹力尤为关键,我们要感恩低谷对我们心性的磨炼和人生的成长,感恩那些谩骂、拒绝我们的客户,是他们让我们变得强大,获得成长。

第五章
心门一开，万法自来

同时，在人生高光时刻，比如成为年度销冠或赚到人生第一桶金时，我们绝不能飘飘然、骄傲自满。不能因为取得成绩就忘乎所以："我都做到销冠了，还要去开会吗？还要打卡吗？还要填写表格吗？还要遵守公司的过程量考核和规章制度吗？"我们要做谦谦君子，温润如玉。尤其要铭记"反者道之动"的道理，"花未全开月未圆"，这才是人生最好的状态。一旦得意骄傲自满，往往就会走下坡路，毕竟物极必反。此时，我们要保持高光的恒定力，感恩客户的信任，更用心地服务客户并且不断开发新客户。要始终把每一天都当作上班的第一天、创业的第一天，兢兢业业、勤勤恳恳去付出。

唯有在高光时不飘飘然，保持人生的恒定力；在低谷时不沉沦，保持快速的反弹力，我们才能收获持续的巨大成功，拥有长久的恒常的幸福。奋斗者永远年轻，最好的养生就是快乐地干好事业。不要因一时的得失、业绩的好坏而让心境大起大落。人生的每一天都无比珍贵。若能调整好心态，我们一年就有365次实现目标的机会。然而，很多人在低谷时沉沦两三个月，高光时又飘飘然大半年，一年的时光便在眨眼间消逝了。那么你今年有何收获呢？若只是在人生的各种情绪中虚度时光，那真是太可惜了。倘若自己没有相应的觉知力、意识和认知，又没有人生导师或者朋友棒喝相劝，便难以从中脱离出来。所以，我们的人生既需要良师益友的陪伴，也需要贵人的棒喝，他们能及时把我们打醒，让我们时刻保持觉知。如此，我们方能收获人生恒常的大成功、大幸福。

第六章
CHAPTER 6

思维模式是顶级销冠与普通销售的分水岭

以客户为中心，你越懂客户，客户越信你

产品同质化严重
销售员自己就是最大的差异化

销售员在客户那里赢得尊严和尊重的唯一利器
就是你的专业素养

永远要想在客户前面
做到客户心坎里，持续超出客户期望

简单到极致就是纯粹
销售员内心纯粹无杂念，脚下更有力量

要成为销冠，千万不能把自己定位成打杂选手
而要成为专业能手

凡事我们都比别人多做一点
你就会成为人生的大赢家

第六章
思维模式是顶级销冠与普通销售的分水岭

心门不开,万法无效,心门一开,万法自来,通过三大心法的修炼让我们拥有无穷的心之力,接下来我们要做的是聪明地干,做正确的选择,16年来,我自己做销冠和不断复制销冠,我总结出:能不能做成销冠,都是你选择的结果,只有正确的选择才有正确的结果,而选择背后是因为有了正确的思维模式做指导,思维模式决定了行为模式,行为模式决定最终成果。因此我们要成为销冠,复制销冠,就要来研究下,所有销冠必备的思维模式是什么,通过不断实践和理论总结,提炼出了销冠三大思维。

1. 以客户为中心,极致懂客户,赢单概率提升50%

我认为,唯有深入了解客户,才能真正做到以客户为中心。你对客户了解得越透彻,对客户的需求就会把握得越精准,提出的解决方案也就越能让客户满意,客户就会越信任你。不妨问问自己,我们是否能站在讲台上滔滔不绝地讲两个小时关于客户的业务知识,却不提及一个字是关于自家的产品和服务?

如果还做不到,不妨从以下六种方法入手,让你更懂客户(详见图6-1)。

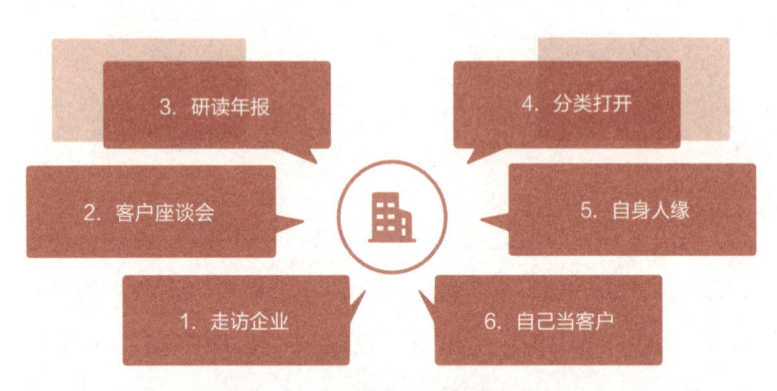

```
3. 研读年报        4. 分类打开
2. 客户座谈会      5. 自身人缘
1. 走访企业        6. 自己当客户
```

图6-1 极致懂客户的6种方法

第一,走访企业。我们要了解客户的作业流程、核心竞争力、客户群体、客户行业标杆企业、竞争对手,以及客户的收入、成本和利润等情况。这些信息至关重要,通过走访企业,我们能全面了解客户的经营管理状况。我们要清楚客户在产业链中的位置,包括其在上中下游产业链生态圈中的角色,客户对其有何要求,其销售的产品和服务面向哪些对象,上游供应商和下游客户分别有哪些。只有对客户在整个产业链条和生态圈中的位置了如指掌,我们才能更懂客户。

第二,召开客户座谈会。像一些公司重要的培训会议或其他答谢会议,我们可以邀请客户参加,尤其是那些粉丝客户,给他们一个伴手礼或者一个小红包,他们会很乐意前来。因为他们是我们的忠实客户,销售伙伴若有不了解客户的问题,或是在开发客户过程中遇到卡点,都可以向这些粉丝客户请教。

第六章
思维模式是顶级销冠与普通销售的分水岭

第三，研读年报。研读年度年报是快速了解一个行业、一家企业的有效途径。特别是对于我们开发的上市公司客户，其年报是公开的，内容十分详细。年报里会清晰呈现公司的核心大客户、核心竞争力、核心产品、潜在风险，以及收入、利润、成本等信息，还有股东结构也一目了然。我曾担任三年大财务项目的运营总经理，深入辅导过100多家企业，深知透过数字、三大报表来了解企业是最科学高效的方式，也是快速了解客户的好办法。

第四，分类打开，深度剖析。我们不仅要全面了解客户企业经营管理的各个方面，还要进行分类打开，深度剖析客户本人。我们不仅要全面了解客户企业的经营管理情况，对客户个体也需深入了解。比如，客户的籍贯、风俗习惯、情怀、兴趣爱好、衣食住行情况，他们的担忧与困惑，正在参加的学习培训班、梦想、闲暇时的去处、娱乐休闲方式等。我们要对这些信息进行分类梳理，全方位了解客户，建立客户档案。只有真正懂客户，在做客户服务、给客户送礼物时，即使是花最少的钱，也同样能送到客户的心坎里，从而感动、打动客户，对增强客户链接和感情十分重要。

第五，自身人缘。作为销售人员，要懂客户、干业绩，不断增长专业知识，解决客户遇到的问题。即便自身专业能力有所欠缺，但只要你人缘好，怀揣梦想、懂得感恩、积极上进，当你自身人缘足够好时，即便有些方面不懂，也可以向老总、总监，以及同行朋友请教。自身人缘好，遇到任何问题都能找到人请教,而且大家也会真诚地教你、真心帮你,这十分重要。

第六,做客户的用户。我们要以客户的身份去体验客户家的产品和服务,如此才能全方位了解客户。比如,我在服务大健康、大美业的连锁品牌时,我会自己花钱以神秘客户的身份去体验,而且是体验几家不同的店铺,业绩好的、业绩差的店铺都去感受一下,看看店铺的环境、作业流程、手法、员工的专业实力和服务温度,了解店铺的客流、客单、产品矩阵等生意状况。只有亲身体验,才能做到真正懂客户。

以客户为中心就是要懂客户,你不仅仅是卖东西给客户的伙伴,你更应该思考如何帮客户解决问题、达成目标、创造价值。即便你卖的是铝建材,但如果你公司的经营管理能力、项目管理能力、大客户开发能力和营销体系构建能力足够强大,你在这些方面也能够为我们的客户朋友赋能,带来额外的附加价值。你不仅为他们提供优质的铝建材产品和安装服务,还能将我们公司做得好的软实力赋能给客户。毕竟,这是免费的,而且价值非常大。我认为,像优质的项目管理方法、大客户开发的系统流程,你都可以分享给客户。如此一来,你的差异化竞争优势就会远远超过其他销售员。

广州铝建材的陈总就说,客户只要到他们公司参观一圈文化墙,100%成交!因为他们公司做了10个亿,自身实力和管理系统能力非常强大,客户就会被震撼和信服。

第六章
思维模式是顶级销冠与普通销售的分水岭

以客户为中心,你越懂客户,客户就越信你,你深入了解客户的目的是发现客户需求并满足客户需求,以客户为中心是为了帮助客户成功,成就客户,利他就是利润,利润是客户对你和公司产品服务满意之后的犒赏,利他就是利己,凡人畏果,菩萨畏因,顶尖的销冠永远是仁爱利他,永远活在成就他人的时刻里。

2. 专业创造价值,产品同质化严重,销售员就是差异化

如今,产品同质化现象极为严重,大家都说自家产品好,质量也都相差无几。在这个红海血拼、价格战硝烟弥漫的时代,销售员就是无须花钱就能实现的最大差异化。你提到要进行产品创新、打造差异化,然而产品的差异化其实很难实现,因为你能想到的,别人也能想到。但销售员自身的差异化却有着天壤之别。不同品牌的销售员去拜访客户,客户首先感知到的就是销售员的差异,包括他们的专业能力、业务实力、利他的发心、为客户着想的职业素养、敬业程度以及真诚态度。可以说,销售员本身就是差异化的体现。那么,销售员的差异化源自何处呢?

首先,源自对客户的深度了解。我们不仅要了解客户的产品和服务,更要清楚客户在经营管理方面的全盘情况,包括其核心竞争力、核心优势、标杆、对手,以及客户的客户对他们

的要求。我们要理解客户企业的方方面面,也要洞悉客户私人生活的点点滴滴。有句话说得好:"公私两便,人事两全,人在事前,先人后事。"我认为这对销售工作有着极大的启发,我们必须足够了解客户。

其次,源自你自身的专业素养。 16 年的销售生涯,让我悟到一句话:"销售员在客户那里赢得尊严和尊重的唯一利器,就是你自身的专业素养。"我们不仅要看上去专业,更要实实在在地专业,绝不能装样子。

我认为,可以从三个方面来提升自身的专业价值与能力(详见图 6-2)。

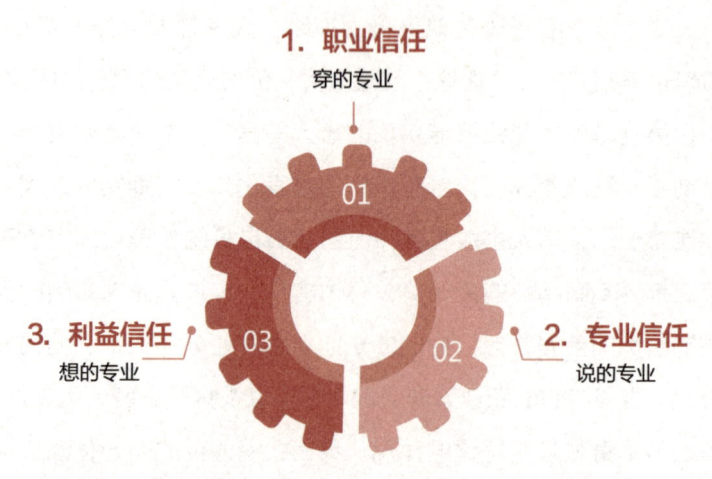

1. 职业信任
穿的专业
01

3. 利益信任
想的专业
03

2. 专业信任
说的专业
02

图 6-2 凸显专业的 3 个角度

第一,职业信任,穿的专业,让人一眼看上去就觉得你很靠谱。就像在酒店、银行,还有医院里看到的工作人员,他们的着装就给人专业的感觉。在销售领域有句话叫"销冠要为成功而

第六章
思维模式是顶级销冠与普通销售的分水岭

打扮,为胜利而穿着",形象永远要走在能力前面,所以要舍得为自己投资。男士要有拿得出手的"战袍",比如笔挺的西装,领带、鞋子、袜子的搭配也很重要,颜色不宜过多,整套着装的颜色最好不超过三种。整体妆容等细节都要注意,要展现出整洁干净、意气风发的少年模样。女性销售人员,要化些淡妆,不要穿超短裙,也别穿露脚指头的凉鞋去拜访客户,着装一定要职业化。如果选择穿裙子,长度需过膝,妆容要美丽大方,形象十分重要。毕竟,没有客户愿意透过你邋遢的外表去了解你美丽的内心,也不会给你第二次机会去建立第一印象。所以,我们要展现出销冠的模样,意气风发、着装得体、有品位有气质。专业创造价值,穿的专业,让人一看就觉得靠谱,要舍得为自己投资和打扮。

第二,专业信任,说的专业,这一点至关重要。要让客户与你交流 5～10 分钟后,客户就对你产生极大兴趣,觉得你既专业,又懂他们。

我们服务过一个客户,他的销售额有 3 个亿,利润 3000 多万,负债却高达 7000 万。我便向他分析道:"您企业赚的钱,一部分积压在库房成了滞销的库存,一部分在客户那里成了未收回的应收账款,还有一部分投到了厂房、设备、生产线等固定资产和长期投资上。所以,虽然有 3 亿的销售额、3000 多万的利润,可现金流却十分紧张,还得靠贷款 7000 万维持运营。是因为库存、应收款,以及固定资产和长期投资管理不善,表面看似风光,实则日子过得紧巴巴，归根结底就是缺乏现金流。现金流缺乏对企业来说是非常致命的，一旦资金流断裂，企业随时会崩盘倒闭。那么您首要任务就是要加强销售能力快速去库存变现，同时对销售做好应收账款的考核挂钩，这个我们业绩倍增辅导都可以帮您去一一落地。"客户一听就觉得我非常懂她，也非常专业，就签了我们的年度咨询陪跑。说得专业，客户才会愿意听你说，客户听你的，才会有合作的机会。

我要求我们的销售团队：他们全部要说客户痛点，只有说痛点，客户才会感同身受，客户才会觉得你专业。比如：新员工招不到，干不好，留不住，出单难，成才难；老员工则像老油条，没有斗志与激情，坐吃山空，倚老卖老；销售团队缺乏持久的战斗力和向心力；销售激励机制也不知如何科学有效地制定。我们跟客户交流时，只需聊上几分钟，就能让客户觉得我们非常专业、非常懂他们。

那么，具体怎样说才能展现出你的专业呢？建议可以从五个方面展开。第一方面，自我介绍一定要专业。不要简单说"我是小钟"，而要说"我是钟华老师，在销售领域精耕细作了16年的时间，深度链接1万个企业老板，服务了1000多家企业，深度辅导了100多个销售团队，像百亿级主板上市公司老板电器……"介绍时突出从业年限、服务案例和专业特长，能让客户对你刮目相看。

第二方面，要善于发现客户的隐性问题，也就是客户长期忽略尚未注意到的关键问题。

第三方面，要学会深刻剖析问题与根因。比如客户销售业绩上不去，这背后的原因是什么？是流量问题，还是销售团队能力不足、产品缺乏竞争力，还是客户开发与复购上存在问题？业绩不好，可能是产品、客户、团队、营销战略、机制等多方面的原因。我们要打破砂锅问到底，帮客户找到核心症结，再对症下药。

第四方面，要善于讲述超级案例故事，正所谓"一图胜千文，一个视频胜千图"。我们能不能让客户帮忙拍一些一两分钟的见证短视频？有了这些，胜过销售员说1万句话。在如今的AI人工智能时代、短视频时代，善于讲解我们的标杆客户故事和超级案例尤为重要。

第五方面，要格外注意说话时的语音、语速、语调。说话语速放慢，你就会有气质；敢于停顿，就能彰显权威；声音压低，你的声音就会有磁性，我们应降低语速，完整且清晰地表达，而不要像机关枪扫射一样说得飞快，否则会让客户产生不安全感，甚至怀疑我们是骗子。

第三，利益信任，想的专业。 要设身处地为客户着想，客户没想到的你提前想到，客户想到的你考虑得更周全。永远要想在客户前面，做到客户心坎里，持续超出客户期望。

我们必须清楚客户购买我们产品时最关注的是什么。就拿购买学区房来说，我们会关心对口学校质量好不好，小区和周边的环境，房子是几室几厅、位于几楼，价格多少，距离学校有多远，周边商场、医院等配套是否齐全。

　　作为销售员，要换位思考，站在客户的角度思考做购买决定时会关心哪些因素。你所关心的，就是客户所关心的。在向客户介绍产品、与客户交流时，要着重聊客户关心的价值点和关注点。如此一来，客户会觉得你特别懂他们，为他们考虑很周全，认为你十分专业靠谱。你不仅穿得专业、说得专业，还想得非常专业，十分周全，能把客户没考虑到的问题都提前想到。客户自然会对你信任有加。

　　以客户采购铝建材为例，他们肯定会关心这些问题：公司规模与实力如何、销售员是否专业敬业、服务是否周到、公司做过哪些样板工程、这批铝建材的价格成本、设计方案、所用材质与工艺怎样、质量品控与质保情况如何、能否完美配合赶工期、售前售中售后服务怎样、是否提供安装服务、有无安装技术指导、是否有施工团队配套支持、运输是否安全、运费如何计算、针对突发应急情况如何处理与预判风险等等。客户采购铝建材时，脑海中浮现的就是这些利益关注点。

　　我们想的专业，就要永远想在客户前面，做到客户心里。客户想到的，我们考虑得更周全；客户没想到的，我们也能提前想到。所以，每位销售员都要对客户的这些利益关注点有清晰地认识。当客户来购买我们的产品时，针对他们所关注的产品的价值点、利益点和兴趣点，我们要提前规划好，并做好相

第六章
思维模式是顶级销冠与普通销售的分水岭

应的解决方案,如此才能凸显我们的专业。

3. 简单听话照做,内心纯粹无杂念,脚下更有力量

很多时候,师傅和总监、老总都传授给我们不少方法,这时就要看我们是头脑简单但行动快,还是头脑复杂缺乏行动力。我接触过成千上万个销冠,包括我自己作为主板上市公司的千人销冠,其实都是头脑简单、内心纯粹且脚步坚定的。所以,我们要简单听话照做。

要成为销冠,不能只是猎人思维,打一枪放一炮换一个地方,而应该有农夫思维,深耕一个市场,深耕行业和客户,持续为客户创造价值。

要成为销冠,一定会遇到问题,销冠拥有的不是问题思维,而是增长思维,不能为业绩不增长找借口找理由,而要为业绩增长找方法找条件。

要成为销冠,不能拥有因—行—果的思维,而要有果—行—果的思维,以终为始,行事有方。思考自己想要什么成果,然后考虑如何做才能达成,而不是受现有条件资源和思维的限制。

要成为销冠,不能有短期主义思维,千万不能为了眼前的一时利益、冲业绩去骚扰和催促客户,而要拥有长期主义思维。丢失大客户未来的合作机会,无异于自断前路自毁前程。所以,我们必须秉持长期主义。对于已成交的客户,绝不能在服务期

结束后就弃之不顾，而应铭记"一次是客户，终身是朋友"的理念。当客户有需求时，我们要以长期主义和利他主义为指引，全力相助。时刻将客户的利益放在首位，摒弃利己思维，时刻秉承长期价值主义和利他思维。

要成为销冠，千万不能把自己定位成打杂选手，而要成为专业能手。你是私域成交高手，还是极致服务一哥，还是拜访提案高手，抑或是某一细分领域专家，都要把自己擅长的方面做到极致，做到无可替代，做到客户钦佩，做到客户只愿意找你买单。

销冠要保持简单专注、听话照做的态度，简单专注本身就是一种强大的能量。听话照做，听谁的话？听有成果的人的话！照什么做？照销冠和标杆的流程动作标准去做，就像上学时抄作业一样简单，我们要抄作业一定要抄成绩最好的作业。想得太多、思维过于复杂，只会让自己裹足不前。简单听话照做，就是我们学习任何新知识新能力要坚持先僵化、再优化、后固化的原则，不能自以为是，穿新鞋走老路永远到不了新地方，甚至有时候我们还要削足适履，因为改变本身是不舒服的，唯有不舒服才能真正为自己带来改变和成长.

我们要拆掉思维里的墙，挣脱固有条件的限制，摒弃各种借口。多专注目标，少关注困难与挑战，如此，脚下自会充满力量。当你目标明确、内心纯粹、意志坚定、持续行动之时，你的脚下自会涌动着无穷无尽的强大力量。

第六章
思维模式是顶级销冠与普通销售的分水岭

总结一下销冠的三大心法：种下冠军的种子、相信相信的力量、永远付出永远感恩；销冠的三大思维：以客户为中心、专业创造价值、简单听话照做；践行三大心法和三大思维，最重要的一点可总结为"多一点原理"。作为销售，你只要比别人多一点努力、多一点用心、多一点付出、多一点专业、多一点微笑、多一点利他、多一点爱、多一点帮助，就如同复利效应一般，个人品牌和差异化竞争优势就会凸显出来。这样，便能赢得客户的信任、尊重，获得客户的复购和转介绍，收获客户一辈子的信赖与友谊。所以，凡事我们都要比别人多做一点，你就会成为人生的大赢家，你就会成为销冠。

第七章
CHAPTER 7

复制销冠八大硬实力，打通业绩倍增最后一公里

找对客户，销售就成功了一半

开发大客户是认知与选择的问题，而非能力问题

信息是策划的基础，策略是行动的指南
每一条重要信息背后都隐藏着重大策略

电话流程比话术更重要，流程是树根树干
而话术只是树叶，千古无同叶

拜访成功 80% 取决于准备，20% 才是临场发挥

拜访前要有目标，拜访中要有流程
拜访结束要带走一个承诺

加速客户购买的两大关键：一是扩大痛苦，二是激发渴望

做销售就是讲故事，讲故事就是要用"起点终点法"

异议解除要先同理，后说服，再转换，最后确保承诺和成交

做销冠我们要懂人心、识人性，不同性格客户采取不同策略

无论一个人多么贫穷或卑微，都希望得到更多人的尊重
无论一个人多么富有或高贵，也渴望得到更多人的爱戴

第七章
复制销冠八大硬实力，打通业绩倍增最后一公里

心门一开，万法自来，正确的思维模式让我们做出正确的选择，让我们有正确的行为模式。要成为销冠必须要有真本领，枪怎么打，怎么瞄准，怎么射击，客户怎么找，怎么跟进，怎么成交，怎么服务，可不是耍嘴皮子，更不是纸上谈兵，要有一点一滴去打穿的真本领，没有金刚钻就别揽瓷器活。我总结出 8 大硬实力，这 8 大硬实力就是迈向销冠的最后一公里，也是打通企业业绩倍增的最后一公里，这 8 大硬实力是教不出来的，只有经过千锤百炼，千训万战，最后才能百炼成钢。接下来，我一一为大家拆解这 8 大硬实力。

1. 第一纽扣法则，找对客户，销售就成功了一半

找对客户，销售就成功了一半。这是成为销售冠军的基石，是认知与选择的问题，而非能力问题。很多伙伴觉得小客户好做、容易签单，大客户搞不定，这其实大错特错。开发小客户和开发大客户一样，每个环节、流程和动作都不能省略，而且你有大客户进来了，你的销售总监和老总一定会亲自出马和你

一起对接大客户，并非让你单兵作战。

销售员每天只有8小时工作时间，做大客户对销售的能力要求更高，这样就只能倒逼自己去提升精进。服务大客户，客单价、复购、转介绍能力都会更高。如果只专注于小客户，其带来的业绩十分有限，小客户毕竟规模小、购买力弱。对销售人员而言，小客户产生的业绩成果相当有限。开发大客户则截然不同，大客户的客单价、复购率和转介绍率都非常可观。这其实是一个认知问题，若想成为销售冠军，小客户只能维持生计，让我们养家糊口，唯有大客户能助力我们更上一层楼。要成为销售冠军需要出色的大业绩支撑，而大客户恰好能带来丰厚的大业绩。

所以，我们一定要努力寻找大客户。但很多伙伴，尤其是新人，真的清楚公司的大客户长什么样、在哪里吗？是否有非常清晰的大客户画像呢？若不清楚，不妨参考公司业绩贡献排名前10或前20的大客户，深入剖析他们的特征。比如，他们所处的行业是什么，公司规模大小如何，销售团队和高管团队的人员数量，年产值有多少，有几家分子公司，分布在哪些地区，销售模式是怎样的等。通过对这些客户画像进行分类和深度剖析，我们就能更精准地把握大客户的特点。每个销售新人都应依据大客户画像去寻找目标客户。

以我们华全赢咨询为例，其客户画像十分清晰。一是销售额5000万以上、销售团队20人以上的产供销一体化制造型企业，比

第七章
复制销冠八大硬实力，打通业绩倍增最后一公里

如大建材大家居；二是大健康、大美业、大品牌、大连锁的服务型企业。用"五有老板""四力企业"来形容我们的目标客户非常形象。

"五有老板"即有梦、有钱、有痛、有权、有魄力，他们为人豪爽、心怀大爱，愿意成就和帮助他人，乐于介绍客户、分享经验，助力他人成功。（详见图7-1）

有梦 追求远大目标
有痛 需求非常迫切
有魄力 果断决心
有钱 购买力
有权 决策权

图7-1 客户画像之"五有老板"

"四力企业"则具备雄厚的实力，拥有较强的学习力，在当地、商会或所在行业极具影响力，且有快速转化力。（详见图7-2）

销售新人只有清晰了客户画像，才能主动去寻找合适的客户。千万不能守株待兔、坐吃山空，抱着有就有、没有就算了的撞大运心态，这种模式注定不可持续。

我们应主动出击，寻找精准的大客户。每位销售新人都要依据大客户画像去寻找目标客户。要清楚大客户画像的模样，

- 实力
- 学习力
- 影响力
- 转化力

图 7-2　客户画像之"四力企业"

了解他们在工作之余的活动轨迹、兴趣爱好、所处圈层，以及常出现的地方，然后在这些地方与他们建立链接、发生关系、产生交集，这样才能精准开发大客户。我们的客户画像表应涵盖客户的行业、地位、规模、需求痛点、面临的主要问题、要达成的目标、购买动机、核心需求和购买驱动力、决策流程、决策链条、关键决策人，以及他们正在使用的竞争对手的产品等信息，务必做到清晰明了。

对于销售老手而言，应将 60% 的时间用于服务老客户，40% 的时间用于开发新客户。销售老手的最高境界，是让每一位优质老客户都成为自己的推销员。届时，大客户、粉丝客户、铁杆客户都会主动帮忙介绍身边的朋友、同学、客户。

2013 年我成为销冠那年，我经常为客户提供力所能及的有价

第七章
复制销冠八大硬实力，打通业绩倍增最后一公里

值服务。客户来到课程现场，我们全程陪同，确保为他们做好服务工作。每次下课后，为他们打一杯咖啡、准备一点茶歇；晚上陪他们做作业，遇到不会的问题，就请专家老师解答。课后，我们会前往客户的企业开展转训工作。若自己无法解决问题，就邀请专家老师协助。我们时刻关注客户团队的成长需求，为他们挑选合适的书籍；当客户遇到卡点时，尽全力提供帮助，训战他们的团队。一来二往，客户对我们的认可与日俱增。经营老客户，关键在于经营四感，即依赖感、愧疚感、惊喜感、荣耀感。当客户的这四感被充分调动起来，他们的复购和转介绍能力就会显著增强。在与客户相处过程中，我们要给予他们无微不至的关怀，让他们对我们产生依赖感。同时，适时地让客户产生一定的愧疚感，你的服务实在太好了，不给你介绍几个客户觉得不好意思。此外，要时刻给客户制造惊喜感，为他们提供情绪价值，让他们能开心愉悦地学习和续单。

大客户购买力强、消费金额大、购买频次高、忠诚度高且发展潜力巨大。接下来，我结合自身在培训教育咨询行业 16 年的经历，跟大家分享一下寻找大客户的方法：

我们华全赢咨询的大客户画像，是年产值 5000 万以上、销售团队 20 人以上的制造业或服务业老板。那么，这些大客户通常在哪里呢？（详见图 7-3）

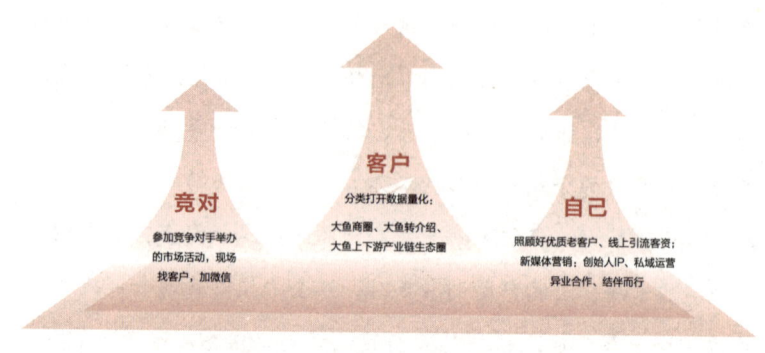

```
    竞对              客户              自己
参加竞争对手举办    分类打开数据量化：   照顾好优质老客户、线上引流客资；
的市场活动，现场    大鱼商圈、大鱼转介绍、 新媒体营销；创始人IP、私域运营
找客户，加微信      大鱼上下游产业链生态圈  异业合作、结伴而行
```

图7-3　精准大客户的3个来源

第一个来源：竞争对手。很多新伙伴的第一单，就是在竞争对手的学习现场发掘到客户的。他们把客户带到公司参观，老师颇具实战，课程实效实用，不少伙伴就顺利签下了第一笔订单。可以说，竞争对手那里的客户是最为精准的，有学习意识、有付费习惯。我们要学会吸引和转化竞争对手的老客户、大客户，甚至截流新客户！

第二个来源：客户裂变。既然目标客户是老板，那我们就要知道老板们常出现的商圈，也就是大客户聚集的地方。首先，大客户商圈。比如，高端论坛、展会、商会、保时捷车友会、高端别墅区、高尔夫俱乐部，以及老乡商会等。老板们通常会前往各类场所寻找资源、拓展人脉，他们常出没于高端消费场合。其次，大客户的转介绍。大客户的同学通讯录、客户答谢会、经销商大会、客户周年庆，他的好朋友以及产业园里的邻居等，都是大客户转介绍的优质来源。最后，大客户的上下游产业链生态圈。客户的标杆企业、竞争对手、所在区域的其他

第七章
复制销冠八大硬实力，打通业绩倍增最后一公里

大客户、客户所在行业的前十名企业，以及其上下游合作伙伴，都是潜在的客户资源，这一点非常重要。就像我当年开发了农牧行业的龙头企业，其他伙伴纷纷开发这个行业，结果2013年前后那两三年这个行业至少给我们集团带来了一个多亿的大业绩。

第三个来源：主动出击。首先，我们一定要重视自己手里的优质老客户，主动做好服务，通过极致服务实现复购和转介绍，同时，自己主动向公司领导申请大客户和老客户来服务。其次，我们自己要做好新媒体营销，打造自己的IP号、制作短视频、搞直播等，以及开展私域运营，如今公域流量成本高昂，经营好私域是实现快速变现和持续变现的根基。最后，异业合作，大家结伴而行，因为彼此的目标客户决策人相同，但产品互补，不存在竞争关系。所以，多结识一些异业合作伙伴益处多多。比如，一方卖销售课程，另一方卖财税课程；或者一方卖中央空调主机，另一方卖中央空调保温垫；一方卖油烟机灶具，另一方卖大理石地板瓷砖。这样的组合就能形成战略联盟。由于关键决策人相同，双方可以相互帮助、共同介绍客户，然后进行合作分成，实现共赢。

每个企业的销售模式和客户群体各不相同，因此开拓、寻找客户的方法也不一样。但最基础的方法论是，我们要对大客户画像了如指掌，我们不仅要了解大客户企业层面的信息，对于他们个人的衣食住行、喜怒哀乐等情况，也需了如指掌。只有对他们的工作和个人情况都有深入了解，我们才能精准把握

其行为轨迹,知道去哪里寻找客户最为精准。因为我们熟知他们的动向、动态和喜好,所以清楚该在何处与他们建立联系,或者通过何种活动人脉去结识他们。

我们一定要清晰勾勒出客户画像,依据他们的习性、动向和动态,明确寻找客户的路径。由于每个公司的销售模式不同,寻找客户的路径也会有所差异。我们可以梳理出公司寻找客户的前十条最有效最有成果的路径,每位伙伴再结合自身资源、优势以及老客户布局,选择最适合自己开发客户的方式,这一点至关重要。

我们要对自己所有客户进行分层分类管理,我们要注重开发新客户、服务老客户,以及深耕大客户。我自己做销售时,会准备三个本子,分别是新客户本、大客户本和老客户本。这三个本子有助于我们随时做好客户分层分类管理。虽说现在有CRM系统,但我觉得好记性不如烂笔头,有自己的本子,随时都能携带。

我们要管理好自己的销售行为,持续跟进意向客户。我们得明确持续跟进的流程、动作和标准,因为它记录了客户从接触、跟进、成交到服务的整个闭环过程。很多伙伴开发了大量客户,最后却不了了之。原因一是没做好客户的分层分类管理,二是没管理好自己的跟进过程和销售行为。要做好"销售三宝"的管理,即新客户本、老客户本、大客户本,走到哪儿都要随身带着。

接下来,我要给大家分享四招赢取千万级大订单的秘诀。

第七章
复制销冠八大硬实力，打通业绩倍增最后一公里

千万级大订单极具诱惑力，它有四个显著特点：一是金额巨大；二是决策人众多；三是开发周期漫长；四是充满不确定性，变化大，竞争异常激烈。订单金额庞大，自然就会呈现出这些特点。

那么，我们该如何成功开发并赢取这些千万级大订单呢？（详见图7-4）

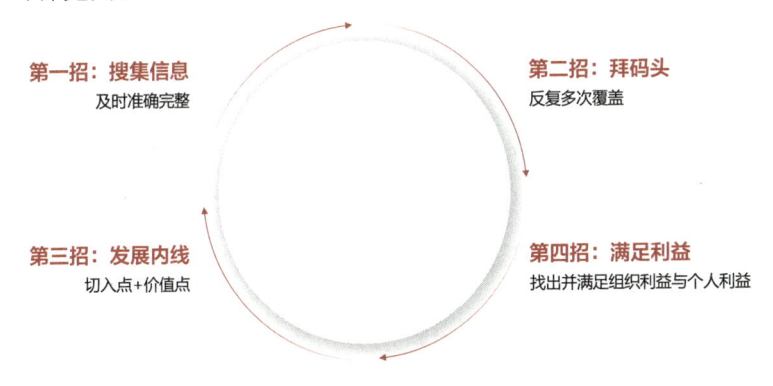

第一招：搜集信息
及时准确完整

第二招：拜码头
反复多次覆盖

第三招：发展内线
切入点+价值点

第四招：满足利益
找出并满足组织利益与个人利益

图7-4 四招赢取千万级大订单

第一招：及时、准确、完整地搜集信息。 信息是策划的基础，策略是行动的指南，每一条重要信息背后都隐藏着重大策略。在进行大订单、大项目销售时，我们必须投入60%~70%的时间来搜集信息。这就如同打仗，情报信息至关重要，正所谓"知彼知己，百战不殆"，只有充分掌握信息，才能制定出有效的行动策略，这一点极其关键。那具体要收集哪些信息呢？主要是七大类信息。

首当其冲的是"买什么"，也就是要明确客户的采购需求。

以我们服务的佛山中央空调企业为例，我们要了解产品方案、项目覆盖范围、价格以及采购时间这四个要点。比如说项目覆盖范围：我们需清楚该中央空调是供郑州公司使用，还是供海外印度分公司使用。了解这些信息，对我们的销售工作至关重要。

第二个要点是"谁来买"。千万级大订单的采购角色众多，涵盖决策者、使用者、技术把关者和内部相关信息传递者等。我们要学会绘制客户的组织架构图与决策链条，将这些角色列成表格。不能毫无章法地在项目上遇到一个人就急于攀关系、试图搞定对方。而是应先把决策链条按照采购角色画出表格，再按表索骥，精准对接相关人员。

第三个要点是"要不要买"，即决策链上的人员反应模式如何，他们是否支持本次采购行为。

第四个要点是"为什么买你的"，这涉及相关人员在组织层面和个人层面的利益。组织层面的利益包括绩效 KPI 考核、岗位职责要求、风险把控等。例如，采购人员的职责是控制成本，技术人员要对技术参数把关、确保合规性、保证产品稳定性等。这些组织利益相对明显，基本由岗位要求和 KPI 考核决定。而个人利益则因人而异，每个人的心思都很细腻，需求各不相同。所以，很多时候我们还是要深入研究个体，搞清楚他们为何支持你、选择你的产品，又为何反对你、支持竞争对手。

第五个要点是竞争位置。要清楚这个单子有多少竞争对手，自己处于何种地位：是单一的采购源，还是领先者、落后者、

第七章
复制销冠八大硬实力，打通业绩倍增最后一公里

备胎，抑或是陪标角色，都要分析得明明白白。

第六个要点是分析客户是否为理想客户。要考察客户的诚信度、购买力、发展潜力、付款是否及时、有无坏账风险、经营状况以及忠诚度等。

第七个要点是漏斗位置，即订单目前所处的阶段。我们投入时间、精力、人财物等所有资源，能否拿下这个单子？如果这个单子很难啃，就要慎重考虑资源的投入了。要评估投入产出比，考量这个订单是否值得争取。比如，若别人早已搞定，我们只是陪标，那便意义不大。

因此，这七个要点至关重要。搜集这七大类信息要及时、准确、完整。唯有如此，我们才能在订单争夺中占据主动。

第二招：拜码头全覆盖，反复多次。为了搜集上述七大类信息，但倘若信息难以获取，我们就要随时随地、多层次地发展铁杆支持者，也就是我们的"内线"，很多人称之为"小蜜蜂"。我们要不断努力，将"小蜜蜂"升级为铁杆支持者。我们要借助他们传递信息、动态验证信息，并为我们的行动策略提供参考和建议。要大力发展"小蜜蜂"，做到全面覆盖、反复覆盖。获取信息后，需反复验证、不断测试，进行动态管理。我们可以向"小蜜蜂"以及同项目的异业同盟者请教，异业同盟者对客户情况往往也十分熟悉。向他们询问"小蜜蜂"传递的信息是否可靠，这极为重要。

第三招：发展内线，也就是铁杆支持者，关键在于找准切入点和价值点。我们有5种内部线人和5种外部线人。5种内

部线人包括：前台门卫、相关部门的一般工作人员（如小采购、小技术员）、相关部门的负责人（如采购总监、技术总监）、一般部门的负责人（如办公室主任、人力资源总监），还有领导身边的人（如司机、秘书、大总管）。5种外部线人则是：善于利用政府部门关系、行业协会、向同一客户供货但无直接竞争关系的异业同行、设计院、第三方专家顾问。发展"小蜜蜂"，挖掘内线，关键在于找准切入点和价值点，从十种线人里择优选择。其中，像决策者、技术把关者、使用者这类角色最为精准，因为他们离订单决策中心更近。

我们可以通过四个维度评估与"小蜜蜂"的关系（详见图7-5）：认识、互动、私交、同盟。"认识"只是彼此知晓，知道你全名和干什么的；"互动"有了一定的交流往来，一起吃过饭，听你汇报过工作，对你的帮助表示过感谢；"私交"意味着对方会帮你说话、积极配合你、引荐他人给你，还会主动关心

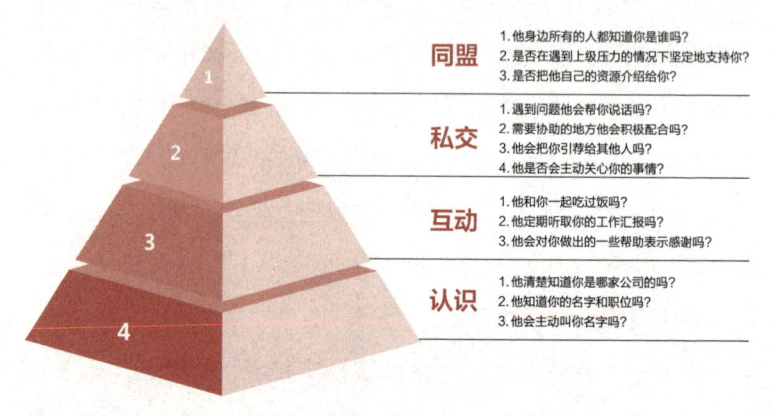

同盟
1. 他身边所有的人都知道你是谁吗？
2. 是否在遇到上级压力的情况下坚定地支持你？
3. 是否把他自己的资源介绍给你？

私交
1. 遇到问题他会帮你说话吗？
2. 需要协助的地方他会积极配合吗？
3. 他会把你引荐给其他人吗？
4. 他是否会主动关心你的事情？

互动
1. 他和你一起吃过饭吗？
2. 他定期听取你的工作汇报吗？
3. 他会对你做出的一些帮助表示感谢吗？

认识
1. 他清楚知道你是哪家公司的吗？
2. 他知道你的名字和职位吗？
3. 他会主动叫你名字吗？

图7-5 四个维度评估与"小蜜蜂"的关系

你的事情;"同盟"则是即便面临上级压力,对方也会全力支持你,为你提供资源,且他身边的人都知道你的存在。这种递进关系能很好地评估与"小蜜蜂"的关系。

第四招:找准每个采购角色的组织利益和个人利益。组织利益是摆在明面上的。比如,要了解这个部门的绩效 KPI 是什么,个人绩效 KPI 如何考核,该角色对谁负责,下属是谁,由谁来评估,上级是谁,以及其平级的支持者有哪些。组织利益是可以公开谈论的。另一个层面是个人利益,要弄清楚他们希望从这次采购中获得什么好处,即他们的动机。有的人想获得领导表扬,为日后的升职加薪做铺垫;有的人想巩固自己的地位,在其位谋其政,做出正确决策,控制好风险,履行好岗位职责,稳固手中的权力。还有的人可能希望得到他人的认可,收获内部人际关系的和谐与尊重。还有一些人希望把事情做成功,以便获得他人的赞赏与敬佩。个人利益各不相同,不能瞎猜,可以询问我们的内线、铁杆支持者来确认。因为个人利益虽容易满足,却难以发现。

四招赢取千万级大订单是一项系统工程。今天只是把其中的四个重点给大家拎出来讲讲。祝大家签单多多,拿下大订单做出大业绩。

2. 做对电话流程,高效跟进

找到对的客户之后,我们要去高效跟进客户,跟进客户最快捷的方式就是电话，电话的目的是什么？明确打电话的目的非常重要，打电话有四个目的：

第一个目的是练胆量。尽管大胆去打电话，在这个过程中打出自信、打出状态，直到打得滚瓜烂熟，只为遇见那个对的客户。

第二个目的是做筛选。判断客户是否值得跟进，例如，若客户对钟华老师的销售课程非常感兴趣，认可钟华老师作为主板上市公司千人销冠的价值，并询问开课时间地点和价格，那这样的客户就是非常精准的意向客户。我们要特别留意这些敏感信号，筛选出意向客户。

第三个目的是做约定。比如加客户微信，给其发送资料，或者约定下次打电话或拜访的时间，或者约定到访公司或者门店体验的时间，这些约定都十分重要。

第四个目的就是促成成交。如果我们的客户名单足够精准，运气也足够好，那么打一两通电话就有可能直接成交。

我在2013年夺冠的那几年，我找的客户名单是一位老客户兼好朋友朱总给的，是他在其他教育平台上课的同学通讯录。我记得有一次拨打这份通讯录，联系到广州做服装的两位老总，第一通电话就成交了。这个客户累计成交了30多万的业绩，至今都没有见过面。由此可见，若客户名单足够精准，运气佳，电话沟通就能直接促成交易。销售是信心的传递、情绪的转移，靠的是信念和传递价值。所以，我们要做好充分的准备工作，梳理好流程，

第七章
复制销冠八大硬实力，打通业绩倍增最后一公里

因为每个流程都对应着合适的话术，同时调整好状态、准备好精准的客户名单，这是前期的关键任务。

电话跟进的流程是什么？我们通过电话前、电话中、电话后三个阶段来展开说明。

电话前，最重要的准备工作是什么呢？就是准备好精准名单。精准名单是重中之重，若名单不精准，后续所有电话拜访和跟进动作都是徒劳。客户不精准，做得越多，错得越多。我把寻找精准客户名单定义为"第一纽扣法则"。大家都穿过衬衫，若第一粒扣子扣错了，后面扣得越多，错得越多。所以，精准名单至关重要。

打电话前要做好两项准备工作。其一，确保名单精准。对于大客户的开发，最好做到话前预约、话后感谢。提前发个短信预约，告知对方下午4点会打电话。客户接听电话后，要表达感谢并加微信。其二，调整好状态。与客户通话时，要保持自信、平等、专业、坚定且勇敢的态度，面带微笑，充满自信。我们不是求客户买单，而是怀着仁爱利他之心去帮助客户，所以打电话时一定要注意自身状态，要以平等、自信的姿态对话，充分展现专业素养，凭借专业和价值去帮助客户。语气要坚定，语速语调适中，传达的内容要坚定有力。

打电话的流程比话术更关键。流程是树根树干，而话术只是树叶，千古无同叶。所以，对每家企业而言，打电话时流程才是重中之重。

有个铜阀门的客户跟我说,他们的电话流程大致如下:第一步,加到微信并索要图纸;第二步,拿到图纸后进行打样;第三步,打样确认后进行报价;第四步,开展视频沟通,与对方高层会面,最终确定订单。所以,他们的电话流程就非常清晰:第一步索要图纸、第二步打样、第三步报价,第四步与高层进行视频会议,敲定合作。

电话是跟进客户的方式,我们要拉着客户的手,朝着签单的方向快速奔跑。每完成一个重要环节,就如同登上一个台阶,直至登顶,完成整个成交闭环。由此可见,流程至关重要,它比话术更关键。不同的流程对应着不同的话术,流程的重要性不言而喻。

在电话沟通中,我们要开门见山,牢记打电话的目的,自信流畅地表达。比如,前15秒要清晰介绍自己和公司,说关联;第二个15秒,要明确说明客户能获得的利益;后15秒,就要发出邀请:邀请客户到店体验或者来上我们的课程等。电话结束后,我们要给所有意向客户发短信并加微信,为后续跟进做准备。我们要将客户引入朋友圈养着,以便持续跟进成交。

打完电话,加好客户微信后,我们要重申电话里的重要内容,说明邀约目的。比如,可以告知客户"明天下午3点,我会再打电话确认,期待您到店",最后加上祝福语:如"华全赢咨询祝您复制销冠业绩倍增"。千万别忘了署名,并留下你的联系方式。细节决定成败,细微之处见分晓,这是销售冠军与普

第七章
复制销冠八大硬实力，打通业绩倍增最后一公里

通销售的分水岭。因为客户能从细节中看出我们的用心和差异化，从而产生被重视和尊重的感觉。所以，我们要注重细节。

电话销售最重要的是做对流程、高效跟进，因为流程不同，话术也不同。做流程的目的是完成客户从接触、开发、跟进到成交的整个闭环。为什么很多伙伴给客户打了电话，跟进一段时间后就没了下文？原因在于没有完整的流程，未形成成交的闭环。电话前准备工作不充分，既不清楚打电话的目的，状态也不佳，流程和话术不清晰，客户名单也不准确，这样的电话纯属无效劳动。

比如我要求我们的销售伙伴每天的工作任务是：沟通20个有效客户。他若打了200通电话，其中150通都没接通，那这些就是无效的。若这200通里有20个能和他通话30秒以上，他向其介绍了钟华老师的销冠课程，对方表现出意向：问了价格、时间、开课地点，并且加了客户微信发送了资料，对方也通过了微信，查看了资料，这样的电话沟通才算有效，这样的电话开发才是有价值的。

一定要在高价值区域重复做有效的劳动，高价值区域就是通过电话不断筛选新的意向客户，不断推进客户的成交进度，为此，我们必须清楚打每一通电话的目的是什么，打电话的流程是什么，然后再去匹配对应的话术。

电话销售是每个销售员必修的基本功，企业可以通过我们的AI销冠系统把销冠的电话话术和跟进成交客户全流程的最佳实践萃取出来，给到新人学习复制。

3. 63411 高效拜访模型，让拜访事半功倍

　　电话是最快捷的开发跟进客户的方式，拜访是最深度最有效的跟进客户的方式，电话搞不定的客户都可以通过拜访来搞定，拜访也是提升新人销售功力最好的试金石，好的拜访可以做到首面首签，好的拜访可以让你的销售事半功倍，接下来，我们也从拜访前、拜访中、拜访后三个流程来展开。

　　拜访前，要做好充分准备。

　　首先是职业形象准备，这是给客户的第一印象，至关重要。拜访时务必准时，最好提前 15 分钟到达客户公司，在公司里多转转，看看文化宣传栏，了解其愿景、使命、价值观和最新动态，这对后续沟通很有帮助。同时，要和前台、门卫搞好关系，说不定能获取一些有用信息。

　　其次是资料准备。要带上公司的课程介绍折页、客户见证视频、合同、POS 机、电脑、iPad 等。中国人讲究礼尚往来，还需准备一份用心的伴手礼。

　　再次，客户信息准备，要上网了解客户信息，做足"课前功课"。比如客户的发展历史背景、主营产品、客户的客户对其要求、所属行业及行业痛点、现有供应商、所在区域，以及该区域和行业的客户见证，还有其上下游合作伙伴等。

　　最后，也是最重要的一点，要预演整个拜访流程。和总监、师傅或老伙伴一起预演，尤其是面对重要客户，最好演练 10 遍

第七章
复制销冠八大硬实力,打通业绩倍增最后一公里

再去见客户,一人扮演客户,一人扮演销售,进行对练预演。预演内容包括如何开场、寒暄破冰等。围绕本次拜访目的,我们该如何提问、倾听和交流?要围绕拜访目的做好充分准备。提前预想客户可能提出的异议、问题和痛点,想好如何回应以及解决方案和客户案例故事佐证等。尤其多关注客户的表层问题、深层次需求和终极恐惧,终极渴望动机。由于我们肯定服务过很多同行业客户,具备一定经验,所以更要提前做好整个预演工作。

如果是特别重要的客户,一定要邀请公司领导、老总或营销总监一同拜访。这样大家能相互照应,一起学习、复盘、总结和提升。带领导陪访时,要学会向客户塑造我们领导的价值,你对领导价值的塑造就是客户对领导权威的感知,在关键时刻,领导能帮助我们推动并拿下订单。

拜访成功80%取决于准备,我们要做好充足的准备工作。20%取决于临场发挥。拜访客户时,我们需秉持真诚与专业,建立信任,推动合作进程。牢记拜访流程:开场破冰、需求挖掘、方案呈现、处理异议、谈判促成成交或达成拜访目的。

见面的前3分钟,开场要做好四件事。

首先是公司介绍与自我介绍。我们要向客户报出自己的全名,陪同的领导和专家也要做好价值塑造。

其次是暖场与破冰。要向客户表达诚挚的感谢,比如"张总,非常感谢您抽空接见我们,今天终于见到您了,实在是太开心了"。感谢之后,微笑、握手并递上名片,接着通过赞美来

破冰。赞美的关键在于关注细节，若发现客户的企业文化温馨，可称赞老板有情怀；若看到客户公司证书众多，可夸赞老板有影响力；若老板的办公室气派且有格调，可夸其有品位。通过这些细节赞美，能迅速暖场，毕竟赞美是一种伟大的力量。赞美能让客户心情愉悦，能让见面的氛围迅速升温，也就是达到热场的效果。

第三件事是做好价值声明和议程确认。说明本次拜访的目的，以及两小时的整个流程安排。同时，要提前规划好本次沟通能给客户带来的价值和利益，说完这些后需征得客户同意，比如问"张总，这样安排可以吗？您看还有什么需要补充的"如此便能掌控拜访交流的内容和流程，因为内容和流程由我们制定且已获得客户认可，十分巧妙。流程，如同缓缓流淌的河流，虽悄无声息，却坚定地朝着目标前行，承载着每一个关键步骤与变化。

第四件事，确认已经达成的共识。如果这不是第一次拜访，而是第二次或第三次，要逐一确认上次达成的共识，确保这么多天过去，有没有变化或需要修正的地方。

在整个拜访过程中，我总结出了高效拜访的"63411"模型，这个模型的核心是让我们用一半的时间赢得两倍的订单，真正做到事半功倍。

"6"代表什么呢？我们已经完成了破冰环节，包括自我介绍、寒暄，以及整个拜访流程的安排，这些都已经得到了客户的认可。然而，往往在这个时候，拜访会陷入一个尴尬的局面。

第七章
复制销冠八大硬实力,打通业绩倍增最后一公里

因为开场工作已经做得很到位,氛围也营造得很好,但很多销售却不知道如何将谈话引向深入,导致出现冷场。

这时,我们需要找到六大切入点。这些切入点实际上就是客户的兴趣点、价值点、关注点、痛点、痒点、卡点、挑战点等。简单来说,就是找到能够吸引客户兴趣的话题,让客户兴致盎然地参与到谈话中来。六大切入点是什么呢?简单来说,就是"新、重、痛、近、同、奇"。

第一个切入点是"新",新就是新颖性。 在开场时,我们可以跟客户聊聊新政策、新技术、业务发展新趋势、新机会、新材料、新工艺以及新产品等。这些新鲜事物往往能引起客户的兴趣,因为每个人都对未知的事物充满好奇。如果我们能将这些新颖点与客户的行业、当前业务和工作紧密结合,效果会特别好。比如我们去拜访客户,会提出我们华全赢的 AI 销冠系统,让销售效率提升 10 倍,客户就会非常感兴趣,因为 AI 人工智能时代,每个人都怕自己落后了。比如和客户分享新媒体流量干法,客户也会两眼放光。

第二个切入点是"重",重即行业中的重要成功要素。 例如,如果你拜访的是建筑行业的客户,项目管理可能就是关键;如果是采购人员,库存管理就显得尤为重要;而如果是生产部门的老总,质量改进和新工艺则是他们关注的重点。再比如,当你与老板交谈时,可以提到当前经济下行,客户数量减少,如何获取流量这些都是他们关心的重点。如果你在这个时候跟他分享一下如何获取流量,或者聊一些对他们企业成功至关重要

的关键要素，这些都是他们非常关注的领域。我觉得这些都是非常好的切入点，能够让我们快速打开话匣子，把谈话引向深入。

第三个切入点是什么呢？痛，就是"痛点"。比如说，客户目前最困惑的点、最苦恼的点，或者他们的卡点在哪里、挑战困难是什么。你可以准备一些同行业的痛点案例，但要注意方式方法。你不能一上来就说"你们这里做得不好，那里做得不好"，这样会让人反感。我们可以这样说："我们服务了很多同行业的企业，他们在某些方面遇到了一些痛点、挑战和困难，通过我们提供的解决方案成功突围，效果很好，不知道你们是否也有类似的困扰？我可以给你们分享一下具体做法"这样讲，客户通常都会愿意听，因为这些痛点跟他们息息相关。

第四个切入点"近"，也就是"最近"的意思。比如，我们服务的客户，我们都会先去他们的店里体验一下，感受一下他们的产品和服务特点，了解他们的流程、标准、动作，以及服务的温度。我们还会观察员工的状态、心态和能力。我们会去客户的工作现场实际感知一下，比如，有的销售会跑到客户的工地上去看一看，了解项目的进展、资金状况，以及当前的进度。这样，我们就能更好地理解客户的需求和挑战，从而提供更有针对性的解决方案。

第五个切入点是"同"，同也就是同行业的视角。如果我们能够跟客户聊聊他们的竞争对手，或者分享一些行业标杆的先进做法，这些都是非常有价值的。毕竟，同行业的业务模式、

第七章
复制销冠八大硬实力,打通业绩倍增最后一公里

痛点和需求都大同小异,分享一些成功的案例,往往能给客户带来很多启发和思考。我们服务了江苏化工行业的老大,那么山东化工老二就非常愿意来上我们的课程,为什么?因为同行效应。

第六个切入点是"奇",奇就是奇特的事情。这些内容往往能打破客户的固有思维,带来意想不到的冲击。比如,我们可以分享一个客户的案例:在流量普遍下滑的情况下,他们通过线上新媒体和同城引流,实现了线上5000万的变现业绩。这样的故事,客户一听就会觉得很有吸引力。再比如,我们可以提到,在行业整体低迷的情况下,我们服务的客户去年实现了40%的高增长。这些出人意料的案例,往往能让客户眼前一亮,愿意继续听下去。

总的来说,这六大切入点:新、重、痛、近、同、奇,都是我们与客户进行深入沟通的有效方式。在与客户沟通时,找到他们的兴趣点至关重要。我们通过暖场破冰、寒暄等流程,逐步拉近与客户的距离。这时,六大切入点就能派上用场了。这些切入点不仅能引发客户的兴趣,还能为他们带来实际价值,瞬间打开话匣子。在销售过程中,我们要多准备一些生动的小故事、案例、谈资:比如育儿经、减肥养生、打坐禅修、心灵疗愈、马拉松、打掼蛋等。通过这个兴趣点,把客户发展成我们的内线小蜜蜂,形成支撑点,最后通过他引爆决策链,形成爆破点,瞬间打开局面,也许这盘棋就活了。当我们与客户找到共同话题时,那种气味相投、志同道合的感觉,就像久别重

逢的老朋友一样自然。这就是"新重痛近同奇"六大切入点的魅力所在。

在高效拜访的63411模型中,第二个数字"3"又是什么意思呢?它指的是三个倾听原则。实际上,我认为我们的沟通可以分为三个部分:首先是提问,其次是倾听,最后是陈述表达,这三者共同构成了有效的交流沟通。那么,如何进行有效的倾听呢?

第一个原则是积极回应,感同身受。在与客户交流的过程中,我们如何让客户畅所欲言,感到舒适呢?这就需要我们积极地回应客户,甚至可以说是"拍马屁"式的回应,当然,这需要适度夸张。例如,我们要点头、微笑,还要表现出感同身受。当客户在讲述他们的成就时,我们可以说:"哇,领导,您真是太厉害了!我们公司能有您这样的领导,真是我们的幸运,向您致敬!"这种"拍马屁"式的回应,能让客户感到被仰视和认可。当客户分享一些惊心动魄的经历时,我们可以回应:"哎呀,这也太惊险了吧!"而当客户回忆起过去的艰难困苦时,我们的表情也要随之变得悲伤和难过。总之,我们要给予客户积极的回应,感同身受,理解他们的感受,该笑的时候笑,该哭的时候哭,让客户在交流中感到愉悦和满足。同时,我们也要带上销冠日志,对关键点做好笔记。因为当客户看到你在认真做笔记时,他们也会更加正式、认真地表达自己的想法、用心回答你的问题。

很多时候,客户认为只有你真正了解他们的需求和问题,

第七章
复制销冠八大硬实力,打通业绩倍增最后一公里

才能帮助他们解决问题,满足他们的需求。其实,这就像我们去医院看医生一样。当医生问你哪里不舒服时,如果你说"我嗓子不舒服,我头晕,我发烧",而医生却在看手机、打电话,或者不停地敲打键盘、打印东西的时候,你会觉得他没有在认真倾听,也没有积极回应你。这时,即使他开了药方,你也不会相信他,因为你觉得他没有好好听你说,也没有好好诊断,自然无法对症下药。客户也是一样的感受。如果他们在说话时,你不能积极回应,认真倾听,给予适当的回应,他们也会觉得你没有真正理解他们的需求。

倾听和回应是建立信任的关键。如果我们不能给予客户感同身受的回应,或者没有认真做笔记,客户就不会畅所欲言。我们自然无法了解他的真实想法、获取更多的信息、无法解决他们的问题、满足他们的需求。所以我们在与客户交谈时,一定要认真倾听,积极回应,设身处地地去理解他们的感受,让客户说得尽兴、说得开心。

第二个原则是深入理解客户所说的话。我们要听什么呢?就是要像侦探一样捕捉弦外之音,言外之意。深入理解客户的具体需求。

很多时候,客户会说"你们的培训效果要好",我们不能只是泛泛而谈,而是要追问:"您说的培训效果好具体是指哪些方面呢?是员工的状态好了,心态好了,过程量足了,还是业绩数字突飞猛进?"我们要理解客户所说的"好"具体标准是什么。再比如,客户说"你们的服务一定要好",我们不能只是简

单介绍我们的售前、售中、售后的服务有多好，而是要深入与客户确认，他们心目中的"服务好"具体指什么，是指有专人驻场服务还是24小时解决问题？只有这样，我们才能真正理解客户的需求，提供有针对性的解决方案。所以，很多时候，我们倾听的目的不是为了回答，而是为了真正理解客户的需求，深入挖掘他们话语背后的含义。

有个客户问我："钟老师，您最近有没有关于销售方面的好书或课程推荐？"这时候，我们不应该急于回答，而是应该进一步询问："您想了解这一块，主要是想解决什么问题呢？"我们要深入理解客户背后的真实意图和需求。很多时候，客户表达的内容并不完全是我们所理解的那样，我们就需要通过倾听提问——来确认他们的真实想法。

在沟通中，我们要学会听出话语背后的深层含义，理解客户的表面问题、深层次需求和终极恐惧渴望动机。只有这样，我们才能提供真正符合客户需求的解决方案。沟通不仅包括内容本身，还涉及语音、语调、语速，以及肢体动作。当你与客户交流时，如果客户的声音突然提高，肢体动作变得频繁，情绪也异常激动，这时你需要深入理解客户背后的原因。为什么他的语音语调突然升高？为什么他的肢体动作变得如此丰富？他的表情为何如此夸张？这些变化背后隐藏着怎样的深层次动机？他在恐惧什么？他在渴望什么？他在担心什么？有时候，客户会反复强调某些重要问题，比如"你们一定要帮我把质量搞好，一定要按时交付"。当客户不断重复这些内容，并且语音

第七章
复制销冠八大硬实力，打通业绩倍增最后一公里

语调和肢体动作出现异常时，这往往暴露了他的真实动机。这时，我们不仅要听他说了什么，更要听出他话语背后的深层次含义。我们不能只听一半，而是要全面理解客户的终极恐惧和渴求。这个时候你要问客户一句万能的话：为什么这个如此重要呢？

例如，客户可能会说："你们一定要保证工期，因为我们市级领导马上要来检查了！你们一定要保证质量，因为上一任就是因为质量问题被撤掉。"这时，我们需要理解，客户真正关心的是什么？通过深入理解客户的动机，我们才能提供真正符合他们需求的服务。因为每个人对"服务好""质量好"或"效果好"的理解都不尽相同，所以我们不能用自己的过往经验认知去代替客户的想法。相反，我们要认真倾听客户的声音，积极确认他们的需求，这才是真正的高手。

第三个原则是让客户把话说完，不要轻易打断。很多时候，我们在与客户交流时，可能因为缺乏信心、准备不足，或是担心冷场导致的尴尬，销售员往往会急于表达，而忽视了倾听的重要性。当我们向客户提出问题后，还没等客户有足够的时间思考，就因为怕冷场而立刻开始回答或引导客户，这种做法其实并不恰当。

因此，在与客户沟通的过程中，如果我们提出了问题，一定要采取黄金静默法，即在心里默数五个数（1、2、3、4、5），给予客户更多的时间去思考和表达。即使出现短暂的沉默，也不要着急说话，更不要随意打断客户。这是我们应该遵循的第

三个原则：让客户把话说完。你可以这样说："非常好，张总，您继续。请问还有吗？然后呢？很好！哦，您刚刚讲了一个点、两个点，那还有第三个点吗？"尽量让客户多说，把他想表达的内容都说完。比如，当谈到业绩不好时，我们可以问："业绩不好的原因是什么呢？"这样，客户就能更充分地表达自己的想法。当你向客户提出问题后，记得先停顿一下，静下心来，在心里默数五个数（1、2、3、4、5），给客户足够的时间去思考和表达。如果客户还是没有回应，你可以重复一下你的问题，或者说明一下你为什么会这么问他。因为每家企业业绩不好的原因多种多样，只有通过深层次地聆听客户对自己业绩不佳的根因剖析，我们才能真正了解问题的症结所在。

很多时候，我们往往会为了避免尴尬或冷场而急于补充，但其实你会发现，客户补充的内容越多，越能暴露出他们深层次的需求、动机，以及他们内心的终极恐惧和渴望。这些信息正是我们理解客户离苦得乐内驱力的关键，也就是我们常说的动机，在动机处做文章做销售是最高明的方法，没有之一！

所以，让客户把话说完、说清楚、表达完整，是我们需要掌握的倾听技巧。保持沉默，让客户多说，不要害怕短暂的冷场或尴尬，这很正常。因为只有客户说出来的东西，才能真正代表他们内心的想法，这一点非常重要。

高效拜访的63411模型中，数字"4"代表的是四种提问方式。

为什么提问如此重要呢？因为它是我们搜集更多信息的关

第七章
复制销冠八大硬实力，打通业绩倍增最后一公里

键。大家都知道，信息是策划的基础，而策略则是行动的指南。在重要信息的背后，往往隐藏着重大策略。因此，很多时候我们需要特别注重提问，因为只有通过提问，我们才能获取更多关于客户的信息。提问的重要性不言而喻。

然而，我们很多销售伙伴往往更擅长自己说。在拜访客户之前，你掌握的信息是有限的。如果在拜访过程中，你没有很好的提问技巧和倾听技巧，那么你说得越多，获取的信息就会越少，因为客户都没有说话的机会。因此，我们之前提到的七大类信息：买什么、谁来买、要不要买、为什么买你的、竞争位置、理想客户、漏斗位置进入时机等，七大类信息是我们作战的关键。每一个重要信息，比如谁是决策人、客户的决策链条、采购流程，以及客户的需求等，如果你没有掌握这些关键信息，请问你怎么打仗呢？所以，我们要善于提问。我给大家介绍四种提问方式。

第一种是背景信息类提问。这是我们在运作一个单子时必须掌握的。在了解客户背景信息时，我们需要掌握很多关键点。比如，客户采购的数量、产品参数、预算，以及产品主要服务于哪个部门，也就是我们常说的产品覆盖范围。此外，我们还需要了解工作链、决策链、利益链、关键决策人，谁是决策者、使用者，以及技术把关者。这些信息都至关重要。

同时，我们还需要了解客户对我们产品、服务，以及供应商的要求和参数。这些信息有助于我们更好地运作单子或打单子。通过提问背景信息类问题，我们可以获取更多关于客户需

求的信息，包括他们采购这批产品或服务的主要目的，以及他们想解决组织中的哪些问题，达成什么样的目标。

了解客户的背景、需求和期望对我们销售员运作单子、做销售非常有帮助。但需要注意的是，客户可能会觉得每个销售都去问他们这些问题很烦。特别是当我们问客户预算、采购流程等信息时，客户往往不愿意回答，因为这些问题对他们没有直接帮助。因此，在提问时，我们要注意方式方法，尽量让客户感到舒适和愿意分享信息。这个时候，我们可以用价值去换取客户的答案。比如说，当我们问到客户预算时，客户往往不愿意直接透露，对吧？这时候，我们可以这样表述："领导，如果我的预算做得太低，可能无法满足您的需求；但如果做得太高，又可能超出您的权限或预算范围，这样反而会给您带来不便。所以，了解您的预算，既能确保我们不会做得过高，也不会做得过低，从而更好地符合您的标准和需求。"这样一来，客户会觉得我们的提问对他是有帮助的，自然更愿意和我们分享预算信息。

再比如，当我们询问客户的工期或交货时间时，客户可能会反问："我凭什么告诉你呢？而且很多人都问过这个问题，对我来说毫无意义。"这时，我们可以这样回应："领导，了解您的交期后，我们可以更好地协调研发和生产部门进行排产，合理安排工作时间，与您紧密配合，帮助您抢工期，确保项目早日完工。"通过这种方式，客户会感受到我们的提问是为了更好地服务他们，自然更愿意透露交期信息。

第七章
复制销冠八大硬实力，打通业绩倍增最后一公里

所以，很多时候，我们在询问背景信息类的问题时，要学会用价值去换取客户的答案。同时，我们还要注意，如果有些信息可以通过网络或其他渠道获取，就尽量不要再去问客户，以免给他们带来不必要的困扰。如果你能从客户的基层了解到这些基础信息，就尽量不要去问客户的高层。因为这类信息本身并不复杂，直接去问高层反而会显得你准备不足，对客户不够了解，甚至可能让人觉得你不够重视他们，这样反而会适得其反。所以，我们在处理背景信息类问题时，一定要全方位地去了解。

具体来说，你可以通过与客户决策链条上的各个角色打交道来获取信息，也可以通过网上搜索、同一项目的异业合作伙伴甚至是你服务过的其他同行客户来了解。毕竟，同一个行业的企业，面临的问题往往大同小异。此外，你还可以借助我们内部的"小蜜蜂"系统来获取这些信息。

其实，我们对信息的掌握越多、越清楚、越准确、越及时，就越有助于制定行动策略，从而更好地赢得订单。正如《孙子兵法》中所说："知彼知己，百战不殆。"所以，我们要做到上知天文、下知地理，对客户的企业经营管理全盘、决策链条上的每个人的信息都要逐步了解，做到公私两便、人事两全、先人后事，这就是我们在信息类提问中需要注意的关键点。

第二种是认知类提问。认知是销售的出发点，认知往往大于事实。因此，我们要特别关注客户的认知世界，关注他们内心的想法、真实的感受、主观的看法、情感和态度。所以，我

们要多提一些认知类的问题。虽然事实是客观的，但客户的认知是主观的。我们经常要问："领导，您觉得我们这个方案您满意吗？""我们采取的这个措施对您提升业绩有帮助吗？""您觉得我们这样做安全吗？"通过这些提问，我们可以了解客户的想法、感受、看法和态度。我们要通过客户的表面问题，透视他们深层次的需求，以及他们终极的恐惧或终极渴望。很多时候，我们要多问这些认知类的问题，比如客户满不满意，解决方案能不能帮助到他，采取的措施能不能解决问题。此外，我们还可以通过当前的角色去了解其他领导的看法。比如："关于这个方案，您觉得满意吗？我们董事长张总看过了没有，他的想法是怎么样的？"通过当前的角色，我们可以了解其他角色的认知、看法、观点和感受。这一点非常有用。信息类提问的方式，就是让客户来回答我们的问题。而认知类的问题呢，则需要我们随时随地提问。因为只有通过提问，我们才能真正了解客户内心的想法、感受、看法和态度，才能洞察他们真实的动机。所以，这一招非常关键。

我们要时刻记得向客户提出这些认知类的问题，特别是在谈话即将结束、准备离开的时候。因为这时候大家都比较放松，你可以顺势问一句："领导，您对我们的方案还满意吗？那董事长他怎么看呢？他有什么态度和想法？有没有做出什么评价？"这个时候，客户往往会更坦诚地表达一些真实想法，包括董事长的看法。

我们不能用过去的经验来猜测或代替客户的真实想法，更

第七章
复制销冠八大硬实力，打通业绩倍增最后一公里

不能想当然地认为客户会怎么想。每个客户都是独立的个体，我们需要通过真诚的沟通来了解他们真实的认知。当然，我们也不能忽视或轻易评价客户的想法。

第三种是优势选项类提问。优势选项类提问的核心在于，我们为客户提供 ABCD 等优势选项，让客户从中选择。这些选项是我们独有的、竞争对手无法提供的差异化优势，这些优势不仅得到客户的认可，还能为客户带来巨大的价值和帮助。比如：在当前的经济环境下，许多客户在做培训或咨询时，特别关注价格，他们希望我们能提供更优惠的价格。我们可以这样引导客户："我们服务过许多与您相似的企业，他们除了关注价格外，还非常重视营销战略的制定与同频、机制的设计，以及大营销体系的落地实施、全体销售人员的能力提升，请问这些您也关注吗？"通过这样的提问，我们不仅能了解客户的需求，还能引导他们关注更长远的价值。客户一般都会回答：这些当然也很重要。关于方案落地和指导建议，我们通常会作为增值服务赠送给客户。这些服务对客户来说具有重要价值，因此我们不会轻易降价。你看，这些机制设计、团队的通关、大营销体系的构建与落地，以及营销战略的制定评估与同频，都是老板们非常重视的。这样一来，当我为客户做专场训战时，再赠送一些增值服务，客户就不会再纠结于价格了。因为他们会觉得我们提供的这些附加价值服务，远远超过了价格本身，所以也就不再要求降价了。

就像我们做铝建材的客户，他们的客户也会要求降价。这

时，我们的销售就会立即回应："领导，我们服务过很多像您这样的客户。他们在关注价格的同时，更关注我们产品的设计、工艺、材质质量，以及售前、售中、售后的服务。还有我们的交期、供货稳定性，以及特殊造型的赶交期能力，这些都是他们非常重视的。请问领导，您对这些方面都关注吗？"你看，我们把 ABCD 这些选项都列出来，这些都是我们的优势，对客户来说具有非常大的价值，让客户自己去选择。如果客户只关注价格这一个因素，而我们不去引导他们考虑其他方面的话，那价格就会成为他们采购决策中的唯一标准。但是，如果我们巧妙地引入了工期、质量和服务这三个优势选项，再加上价格，你会发现价格的权重立刻从 100% 降到了 25%。这样一来，我们的差异化优势就凸显出来了，同时也降低了客户对价格的敏感度。

这种优势选项类的提问非常有效，就像老师给学生出选择题一样，给出一个题目和 ABCD 选项。这样做的目的是突出我们的优势，降低客户对价格的敏感度和关注度，从而帮助我们赢得订单。所以，优势选项类的提问是一个非常有用的工具。在使用它时，我们需要注意时机。通常，在客户陈述完他们的需求、目标和措施之后，我们先问一些背景信息类的问题，然后再引入优势选项类的问题。这样能够巧妙地引导谈话内容，植入我们的优势。因此，大家要学会使用它。

第四种是确认类提问。 确认类提问的作用在于澄清疑惑、确认变化、总结谈话内容，以及查漏补缺。特别是在与客户交

第七章
复制销冠八大硬实力，打通业绩倍增最后一公里

流时，比如我们进行了两个小时的深入讨论，说了很多内容。在结束拜访之前，我们需要进行总结。比如，我们可以说："领导，我来确认一下今天我们的主要谈话内容，重点事项主要包括以下几点……请问领导，您觉得我的总结是否到位？还有没有需要补充的地方？"这样的总结方式就显得非常专业和职业。

此外，当客户反复强调某些问题时，比如"质量一定要好""服务一定要到位""交期一定要准时"，我们也可以与客户进行确认。比如，我们可以说："领导，您提到的交期、质量和服务的重要性我们已经充分理解，我们一定会在这方面加大力度，确保满足您的需求，我再确认一下您指的好服务是24小时到场解决问题，对吗？"通过这种方式，我们不仅能够确认客户的需求，还能增强客户的信任感，觉得你非常敬业，办事靠谱。

高效拜访63411模型中，第一个数字"1"代表什么呢？它指的是我们要聚焦于1个客户的期望。那么，客户的期望具体是什么呢？简单来说，就是客户对我们供应商的产品和服务提出的具体要求或参数。这些期望就是我们拜访沟通的核心内容，是我们的靶心和导航。客户认为的最佳解决方案是什么，这就是客户的期望，期望是个性化且不断变化的，与客户的需求和动机息息相关。

那么，什么样的产品才是好产品呢？毫无疑问，是那些符合客户期望的产品。如果你不知道客户想买什么，你也就

不知道自己该卖什么。因此，我们必须深入了解客户的期望，并以此来匹配我们的产品。通过了解客户的期望，我们可以塑造自身产品的优势与价值，挖掘客户潜在的需求，并深入探索客户的动机。很多时候，客户的期望就是他们认为的最佳解决方案。

比如：我作为讲师，想要买一套白色的套装，用于讲课时穿。如果我们去的那家店铺没有白色的套装，只有灰色、宝蓝色或黑色的套装，那么这笔交易还能达成吗？显然，我的期望是白色的套装，这就是我去购物时的期望。那么，我的需求到底是什么呢？其实很简单，就是我在《销售冠军复制》两天一夜专场训战时，我需要一套得体的西装来配合我的职业形象。这不仅是我的应用场景，更是我作为讲师的职业需求。说到内在动机，我希望通过这套西装展现出自己专业气场、优雅的气质，同时还能起到显瘦显高的效果。毕竟，这能让我在讲台上更有自信、更有气场。这就是我对职业套装的核心期望、需求和动机。

作为服装店的销售员，如果你了解我的这些需求：包括我的穿着场景和深层次动机，即使没有白色套装，你依然可以为我推荐灰色、黑色或宝蓝色的套装。因为这些颜色同样能衬托出讲师的气质和气场，完全符合我在讲课时的穿着需求。而且，考虑到我要进行两天一晚的课程，一套服装显然是不够的。也许我最初只是打算买一套白色套装，但因为你充分理解了我的需求、应用场景和爱美动机，你完全可以为我推荐5套不同颜色的服装：第

第七章
复制销冠八大硬实力,打通业绩倍增最后一公里

一天上午一套、下午一套、晚上一套、第二天上午一套、下午一套,这样不仅能满足我的基本需求,还能为我提供更多选择,让我的形象更加丰富多彩。虽然这5套衣服里可能没有一套是白色的,但你只要很好地满足了我作为讲师在职业着装上的需求,就能做成一笔5件套大单!

何谓期望,期望就是客户认可的解决方案,它非常个性化,而且是可以不断调整和引导的。因为在很多时候,这恰恰是我们拜访客户时沟通的核心内容和目标,就像我们的导航一样。所以,还是那四句话:我们要认知客户的期望,去匹配我们的产品;我们要引导客户的期望,去塑造价值和优势;我们要聚焦客户的期望,挖掘需求;我们要理解客户的期望,去探索动机。这就是我们始终要聚焦的,始终围绕客户的期望去做文章,就像需求的冰山模型一样,对吧?需求就像一座冰山,期望是每个客户都会提到的是显性的,但我们能否通过期望深入到需求,再深入到动机,直接从动机层面去做销售、去做文章呢?其实这里的操作空间是非常大的,这也是最厉害的销售。

高效拜访63411模型中,最后一个数字"1"是拜访目标。拜访目标是什么?就是要获得客户下一步行动计划的承诺。我们所做的一切都是围绕这个目标进行的。今天你要拜访谁?是决策者、使用者,还是技术把关者?我们见他的目的是什么?拜访的核心目标是什么?

有了明确的目标,我们就能做好充分准备,理清整个流程、

话术以及谈话的核心逻辑。懂得坚持和引导，因为明确就是力量。每一次走出客户的门，我们都要清楚客户接下来会为推进订单做些什么。每一次拜访完客户，我们都要带走一个承诺，什么承诺？就是什么时间、什么地点、客户方参与人员、干什么、好处价值、如果不答应该如何处理异议。

拜访的成功与否，并不取决于我们去客户那里的次数，而在于我们是否真正推动了订单的进展。拜访的目的至关重要。很多伙伴去客户那里，往往没有明确的拜访目标，可能只是为了凑个拜访数，或者闲来无事去转一圈。我发明了一个梯子理论，即一个订单从初步接触，到挖掘需求，再到方案呈现，再到异议处理，最后到谈判签约成交，每一步都像是在爬梯子一样，每上一个梯子，就离登顶签单成功更近一步。如果我能够顺利走完这几步梯子，签单就会变得水到渠成。那么，第一步梯子是什么呢？

首先，我们需要锁定那些大客户。比如拥有大型厂房、大型医院实验室手术室等应用场所，这些地方对中央空调的需求量很大。第一步就是要寻辨并找到这些大客户。接下来，第二步该做什么呢？邀请他们参观我们的工厂，或者带他们去参观一些标杆案例工程项目，甚至组织技术交流会议。通过这些活动，最后，我们可以与客户的高层进行深入交流。当和客户一起做完这些步骤后，最终成交签单的概率会非常高。

其实，很多时候我们去拜访客户，一定要清楚客户接下来要做什么，而不是不了了之。每次走出客户的门，我们都要明

第七章
复制销冠八大硬实力,打通业绩倍增最后一公里

确客户接下来会为我们做什么。每次拜访结束,我们都要带走一个承诺。这个承诺就是客户下一步的行动计划:它应该包括时间、地点、人物以及具体要做什么。如果客户提出异议,我们要一一解决,并告诉他们这样做的好处和价值是什么?很多人都不敢向客户提要求,担心会让客户感到为难和压力。客户说什么并不重要,关键是他们做了什么。比如客户可能会说"这个单子一定给你",但如果你提议组织一个技术交流会,或者邀请他们的高层领导来公司参观,而客户却不愿意帮您推动组织,那就说明他并不是真心帮你,而是在敷衍你。所以,真正重要的是客户的行动,而不是他们的口头承诺。听其言而观其行,说什么不重要,做什么才重要。

拜访结束后,首先,我们要对客户做感谢确认,24小时内发送会议纪要邮件,强化达成的共识和接下来的行动计划,做好落实和跟进。

其次,我们需要对自己的拜访进行总结。具体包括以下5个方面:

> 1. 客户的期望、需求、动机:我们是否清晰地了解了客户的期望?包括他们的显性需求和隐性需求?客户的动机是什么?也就是客户离苦得乐的内驱力是什么?他们追求什么,又害怕什么?这些终极的渴望和恐惧,我们是否真正挖掘出来了?是客户亲口说的,还是我们伙伴猜测的?我们需要

拿出证据。

2. 客户的顾虑：客户还有哪些担心和顾虑？我们是否已经了解并解决了这些顾虑？

3. 客户下一步的行动计划承诺：我们是否拿到了明确的下一步行动计划？客户接下来需要为推进订单做些什么？如果没有拿到，我们需要立即思考客户还在顾虑什么。

4. 优势和价值：我们提供的差异化竞争优势和价值，客户是否认可了？我们提供的解决方案和措施，客户是否接受了？

5. 还有哪些信息是缺失或不确定的？我们需要在下次拜访时进一步落实和完成。这次拜访的结束，实际上是为下一次拜访做好了铺垫和准备。我们需要准备什么样的礼物，以及如何进一步消除客户的顾虑？还有哪些信息是我们需要进一步了解和完善的？围绕行动承诺目标提前做好准备筹划和组织。

这样一来，整个拜访过程就形成了一个闭环：拜访前、拜访中、拜访后，环环相扣。

在拜访前，我们最重要的就是做好充分的准备。其中最关键的就是要进行演练，围绕我们的拜访目的，演练整个拜访流程。比如，如何倾听、如何提问、如何陈述，要准备哪些案例故事，以及如何处理客户的疑虑和异议。这些话术和技巧都需

第七章
复制销冠八大硬实力，打通业绩倍增最后一公里

要我们提前准备好。特别是对于重要的客户，我们更要提前演练 10 遍以上，因为拜访成功 80% 取决于准备，20% 才是现场临场发挥。在拜访中，我们要运用 63411 模型进行需求挖掘、方案呈现、处理异议、促成成交合作。整个沟通过程包括提问、倾听、陈述，以及谈话的内容、语气、语调、语速、肢体动作等。这个模型有六大切入点、三个倾听原则、四个提问方式，以及一个核心原则——始终聚焦客户的期望。客户的期望是我们沟通的靶心，是我们的导航。什么样的产品是好产品？符合客户期望的产品才是好产品。通过深入了解客户的期望，我们能够更好地把握客户的需求和动机。在动机层面下功夫，我们的操作空间和手段就会更加丰富多样。最后一个"1"强调要明确我们的拜访目的。一切行动都应围绕拜访目的展开：拜访谁？达成什么目的？这次拜访的具体目标是什么？走出客户的门时，一定要拿走一个承诺，而且做到 24 小时内及时跟进。

63411 模型让我们事半功倍，因为明确了拜访目的，我们就能更好地准备整个拜访流程，有了明确的目的，我们才知道如何引导对话，如何坚持方向。因为明确的目标本身就是一种力量。拜访结束后，我们还需要进行复盘总结，既对自己也对客户。我们可以带一支录音笔，把整个对话过程录下来，深入剖析客户的期望、需求和动机，以及他们的顾虑。这样，我们就能优化自己做得好的地方，改进不足之处，找出需要提升的点，让每一次拜访都比上一次更好。

拜访非常直接，最能够快速推动订单的进展。正所谓"百

闻不如一见",见面三分情,所以拜访在业务推进中扮演着至关重要的角色。在拜访客户时,我们必须带着明确的目标和成果导向,切实推动客户向前迈进。这就像我们的"爬梯子理论"——一步一个台阶,稳扎稳打,直到登顶最终达成签单目标。而63411模型能帮助我们实现这一目标,它让我们能够用一半的时间赢得双倍的订单,真正做到事半功倍。这里需要特别强调的是,高效的销售拜访并不是简单地压缩时间,而是要让每一个动作都产生复利效应。拜访不是一次性的博弈,而是建立长期价值共生关系的过程。我们与客户之间,不是短暂的利益交换,而是追求共同成长、互利共赢的长期伙伴关系。

正因为如此,拜访在销售过程中扮演着至关重要的角色。它不仅是推动业务进展的核心手段,更是建立信任、深化关系的关键桥梁。每一次拜访,都是我们与客户共同成长的机会,都是为未来合作奠定基础的重要时刻。

4. 探寻需求,把好处说够,把痛处说透

没有找准需求,再多的行动都是浪费时间。需求到底是什么呢?需求就是客户在业务上遇到的问题,以及他们想要实现的目标。可以说,需求是打开成交之门的钥匙。需求等于需要乘以购买力。作为销售冠军,我们需要预先了解客户的所有需求,并善于挖掘和解决他们的痛点。在销售工作中如何探寻客户需求,为客户精准把脉,让客户心甘情愿主动找我们买。

第七章
复制销冠八大硬实力，打通业绩倍增最后一公里

我们经常会发现，客户虽然口口声声说要购买，但就是迟迟不下单。这是为什么呢？很多时候，客户有问题并不等于他们会立即采取行动。即使他们有目标，也不一定下定决心去改变和实现这些目标。因此，我们在挖掘需求时，要善于扩大客户的痛苦，激发他们的渴望。这两招非常关键：扩大痛苦和激发渴望，也就是把痛处说透，把好处说够。

首先，扩大客户的痛苦。当客户出现问题时，比如肚子疼，你会立刻去医院吗？通常不会。我们可能会先在家里躺一会儿，用热水袋敷一敷，喝点红糖姜汤，休息一下。你看，即使出现肚子疼的问题，我们也不会立刻去医院，因为去医院要花钱、花时间、排队，很麻烦。所以，我们会选择在家里先观察。那么，什么时候才会坚定地立刻去医院呢？就是当你痛得实在不行了，红糖姜汤和热水袋都不管用了，痛得无法忍受时，你才会立刻去医院。客户也是同样的道理。当客户遇到问题时，如果他们自己并不感到痛苦，那么他们的需求就还没有真正形成。这就是为什么有些客户虽然答应要购买，却迟迟不下单、不打款的原因——因为他们还不够痛苦。

只有当问题加上足够的痛苦时，需求才会真正形成。痛苦是一种客户的主观感受。比如，我可能觉得客户的业绩这么差，他们应该赶紧来上我的销售冠军复制课程，但这只是我的想法，并不代表客户自身的感受。客户可能会觉得："目前大环境不好，大家业绩都难做，我们能有这个业绩已经不错了。"他们没有这种主观的痛苦感受，就不会采取行动，需求也就不会形成，自

然也就不会产生购买行为。

那么,如何有效地放大痛苦呢?首先,我们需要找到问题并深入分析其背后的原因。其次,我们要明确如果这个问题不解决,将会带来怎样严重的后果和牵连影响。最后,利用这种痛苦,促使客户自己提出要解决方案。这个探寻需求的过程非常关键,因为只有将问题不解决带来的痛苦和后果进行数字化、货币化、财务化呈现,客户才会有感觉。

我的妈妈曾经患有严重的肩周炎。当时她在帮我带孩子,孩子才一岁多。她的肩周炎非常严重,痛得晚上睡不着觉,甚至连头发都不能梳。这种痛苦让我意识到必须采取行动治疗缓解疼痛。当时,我们带着妈妈去看医生,我焦急地向医生描述她的情况:"医生,我妈妈的肩周炎特别严重,连梳头发都困难,晚上更是疼得睡不着觉。这到底是什么原因引起的呢?"医生没有立即回答,而是开始为妈妈做CT、血常规等检查。他仔细按压她的肩膀,让她伸手、让她反手、让她弯着,和妈妈确认好最疼的位置,当他找到最痛的地方时,还特意用更大的力气猛戳了一下,我妈妈痛得眼泪都出来了!接着医生询问妈妈:"这里疼了多久了?是白天疼得厉害,还是晚上更严重?"医生进一步解释说:"你看,这个疼成这样,晚上还睡不好觉,对老年人来说影响更大。长期睡眠不足,可能会导致高血压等并发症。"他顿了顿,继续说道:"如果这些并发症出现,你妈妈的身体状况会变得更糟!"我一听心更加急了,妈妈身体不好我本来就心疼,问题不解决,我的孩子

第七章
复制销冠八大硬实力，打通业绩倍增最后一公里

也没人带了，我也无法安心上班赚钱了，甚至影响到整个家庭的生活。想到这里，我更加急切地向医生寻求最佳解决方案。最终，医生建议进行理疗，并开了一些辅助治疗的药品，总共花费了一万多块钱。虽然费用不低，但我毫不犹豫地接受了这些治疗方案。因为对我来说，妈妈的健康比什么都重要，只要能缓解她的疼痛，再大的代价我也愿意承担。

在扩大客户痛苦的过程中，我们需要将问题的严重后果和牵连影响进行量化、数字化，最好能够用货币化、财务化数据来呈现。假设我们的客户面临设备维修周期过长的问题，这看似只是一个表面需求。但深入挖掘，我们会发现客户真正的恐惧在于：设备故障可能导致订单交付延误，进而影响出货速度。这还只是表面影响，终极恐惧和担忧则是：可能会因此失去大客户和大订单。你看，表面上只是一个设备维修问题，但它的影响却是多层次的：设备故障导致订单出货延迟，进而影响交期，最终可能造成大客户流失。这就是客户最深层的恐惧和动机。通过这样的分析，我们就能让客户真切地意识到问题的严重性。很多时候，我们需要善于激发客户的购买意识，让他们意识到如果不及时解决问题，将会带来多么严重的后果和牵连影响，以及连锁反应。这就是我们所说的"挖痛法"，也是我们常说的"下危机"策略。

其次，激发客户的渴望。 帮助他们明确目标树立愿景。当你帮客户树立目标，放大目标，并让他们相信和渴望达成这个

目标时，他们的需求就会被进一步激发，从而促使他们采取行动。当一个人有信心去达成目标，并且能够清晰地看到目标达成后的美好愿景时，这种对梦想实现的渴望就会被激发出来，从而促使购买行动的产生。

激发客户的渴望，除了需要帮助客户树立一个清晰的目标，还要深入了解他们实现这个目标的动机是什么，以及在实现目标的过程中可能会遇到哪些障碍。我们的解决方案和措施，就是要帮助客户克服这些障碍，激发他们内心对达成目标的渴望和驱动力。这种方法之所以有效，是因为它能够迅速激发客户离苦得乐的需求。人们行动的驱动力往往来自"前有金山，后有猛虎"的处境。"金山"代表的是梦想、目标和愿景，而"猛虎"则象征着危机和后果。

如果我们的销售团队没有打造好，业绩如何增长？战略目标如何达成？在激烈的市场竞争中，如果我们打不赢对手，搞不定客户，市场份额就会丢失，江湖地位也会随之丧失，被竞争对手超越，那问题可就严重了。战略目标无法达成，团队士气也会一落千丈。我们就会面临巨大的痛苦，业绩面临断崖式下滑。如果我们能够打造一支强大的销售团队，持续提升他们的销售能力，做好赋能、激励和管控，就能带来业绩的显著增长，助力我们战略目标的达成。

这一正一反的对比，非常有力地说明了销售团队打造的重要性。能加速客户需求的形成，推动客户的购买行动。所以，这就是我们探寻需求、加速客户购买的两大关键，也叫两条腿

第七章
复制销冠八大硬实力，打通业绩倍增最后一公里

走路：一条是扩大痛苦，另一条是激发渴望。只有当这两者同时存在时，人们才会真正行动起来。

5. 1131价值塑造法，点石成金

在销售过程中，探寻到精准的客户需求，也放大了痛苦，激发了渴望，接下来，如何去满足客户需求呢？这需要我们具备一种价值塑造的能力，来精准匹配客户需求，价值塑造得好就能起到点石成金的效果，客户听完你的介绍之后就直接买单了。

因为客户的价值感知是主观的，我们做销售的必须学会传递和塑造价值，做好价值闭环。我们的产品和服务，乃至我们公司的价值，不仅仅在于我们自身具备的价值，更在于客户感知到的价值。客户觉得你的产品和服务的价值是10分，那就是10分；如果客户感知到的价值是5分，那就是5分。

价值不仅包括产品的功能价值、经济价值和资产价值，还包括销售员为客户提供的情绪价值。

第一，在传递和塑造价值的过程中，我们必须充满自信和底气。 很多时候，销售就是信心的传递和情绪的转移。因此，我们的语气、语调要非常坚定，神情要非常自豪，声音要洪亮，眼睛要放光，每一个细胞都要展现出对产品的自信和热爱。在塑造价值时，我们一定要把这种价值传递给客户，因为我们的状态至关重要。你的自信、底气，以及你对产品的热

爱，还有你坚信产品能给客户带来帮助和支持，坚信能够帮客户解决问题、达成目标、排除障碍、创造价值，这些都非常重要。当你非常坚定、有底气、有自信的时候，客户也会被你感染并相信你。

第二，在价值塑造过程中，我们要善于运用对比法。在塑造产品价值时，我们一定要围绕客户的痛点、问题点、关注点，以及他们的目标和需求来展开。我们要善于对比，突出我们的卖点、唯一性和产品的好处，强调我们产品的差异点。现在市场竞争特别激烈，客户的选择也很多。当客户提到某个品牌时，你就要告诉他，我们家的产品和竞争对手的产品有什么不同。我们不要打击对手，但我们可以清晰地展示我们产品的独特优势，告诉客户两者的差异点在哪里。其实，客户看重的那些功能，我们不仅能够做到，甚至在某些方面还具备独特的优势和价值。这就是我们的核心竞争力，也是我们与竞争对手的差异化所在。这时候，对比法就派上用场了。

我们平时去买牛奶，商家特别喜欢做盲测。他们会把不同品牌的牛奶倒进杯子里，遮住标签，让你去品尝，去感受哪一款更好。这不就是典型的对比法吗？同样的，我们很多卖酒的客户也会采用这种方式，把不同品牌的酒倒进酒杯，让你去品鉴，去判断哪一款更出色。这种自信的对比法，往往能让人一目了然。再比如，我们有一个做竹建材的客户，他们在塑造产品价值时也巧妙地运用了对比法。竞争对手的竹建材虽然价格便宜，但质量如

第七章
复制销冠八大硬实力,打通业绩倍增最后一公里

何呢?他们就把竞争对手的产品和自家的竹建材放进两个大锅里用沸水煮,煮上两个小时。结果显而易见:竞争对手的竹板已经掉色、变形、腐烂,而他们的产品却依然保持原样,不掉色、不变形。这种直观的对比实验,非常有说服力,现场一演示,大家都能看得清清楚楚,再一次验证了贵有贵的道理,便宜一定有它的风险。

对比法不仅能让客户更直观地感受到产品的优势,还能增强我们的说服力。通过这种方式,我们能够更好地展示产品的独特价值,赢得客户的信任和认可。

第三,在价值塑造过程中,我们要善于讲客户案例故事。在销售过程中,客户的故事往往比我们自己的说辞更有说服力。与其我们滔滔不绝地介绍产品,不如让客户亲自讲述他们的真实体验。比如,我们可以邀请客户拍摄一段小视频,分享他们使用我们产品后的感受和变化。

当客户使用我们的产品后,他们的业绩提升了,问题解决了,目标达成了,这些实实在在的改变就是我们最好的见证。我们要善于讲述这些故事,做到言之有理、言之有物、言之有据,才能真正打动潜在客户。最好让我们的客户帮我们拍摄一段几分钟的小视频,因为一个视频胜过千言万语,一张图片胜过一万个文字。所以,我们不妨多拍一些案例、故事和见证,这些都是塑造价值、说服客户的有力证据,也是让客户放心购买的强大武器。

第四，在价值塑造过程中，我们要用场景法。 为什么我们买车、买房时，都要提前试驾或看样板房呢？因为这样能让你提前拥有、提前感受。

场景法就是将我们的客户带入熟悉的场景，向他们介绍我们的产品能如何帮助他们改善工作，让他们更加清晰地认识和认可我们产品带来的价值和好处。这样，客户会觉得回报是非常确定的，回报的大小和周期也都是非常确定的。

为什么很多做大健康、大美业的连锁加盟品牌商，都会带着他们的代理商去参观直营门店呢？这就是为了让代理商亲身体验和感受。他们会安排代理商去聆听那些已经取得大成果的经销商、加盟商老板的分享，通过这种方式，品牌商把代理商带入一个真实的场景，让他们看到："你看，这位老板跟我们合作后，一个店每年能赚100万，10个店铺就能赚1000万。"当代理商与这些标杆加盟商交流后，他们会想："如果我加盟了，是不是也能一年赚100万？如果我开10个店，那不就是可以赚1000万了吗？"这就是场景法的魅力所在。它通过真实的案例、场景和标杆的故事，告诉你加盟我们，你也可以实现这样的成功。

第五，在价值塑造过程中，我们还要用1131价值塑造法。 这个方法能"点石成金"，是销售的撒手锏。（详见图7-6）

第七章
复制销冠八大硬实力,打通业绩倍增最后一公里

1个字眼 价值锚

1句话 用户非买不可的理由

3个支撑点 实现用户价值3个核心竞争力

1个超级案例 标杆客户案例背书

图 7-6 价值塑造 1131 法则

第一个"1"代表一个字眼。第二个"1"代表一句话。"3"代表 3 个支撑点,也就是三个独特的价值支撑点,用来支撑这个字眼和这句话。最后一个"1"代表一个超级案例故事。

华全赢咨询如何等于"销冠",如何等于"加速企业复制销冠实现业绩倍增"呢?我们通过三个核心价值点来支撑。

第一个核心价值点是我和张全老师。我在销售领域深耕了 16 年,从一名销售小白成长为一家主板上市公司的千人销售冠军,并担任大项目运营总经理 3 年,创业 4 年多时间深度链接了 1 万多位企业老板,服务了 1000 多家企业,辅导了 100 多个销售团队。因此,我不仅最懂老板的需求,也最懂一线销售伙伴的挑战。我的使命就是在老板和销售伙伴之间架起一座桥梁,帮助他们实现业绩倍增。

张全老师是我们原主板上市公司行动教育的分公司总经理和事业部总经理,拥有 16 年丰富的经营管理经验。他也是从一线销售做起来的,逐步晋升为营销总监、分公司总经理,再到事业部总经理。张全老师练就了扎实的理论功底,服务过上千家客户,深度陪跑近百家企业,在战略、营销、组织人才、机

制设计等方面都拿到非常大的成果。

第二个核心价值点是《销售冠军复制》的课程体系。这套课程采用了三位一体的独特设计，与市面上常见的销售课程有着本质的区别，这套课程的精髓在于，它成功打通了从老板到高管，再到销售总监和一线销售伙伴的完整链条。我们不仅实现了营销战略的一致性，更做到了上下同频、同欲、同力，最终实现业绩倍增。这套课程站在老板的高度，帮助老板，助力营销老总和高管，同时赋能整个销售团队。我们为团队提供能量、能力、方法、工具、表格，以及机制设计，帮助制定营销战略和策略，让整个业绩倍增的飞轮快速运转起来。通过这种方式，我们真正打通了营销战略的一致性，确保高中基层上下同心，共同实现业绩倍增目标。

第三个核心价值点是我们服务辅导过非常多有实力的客户案例。这些客户中不乏行业翘楚，比如上百亿规模的方太、老板电器，以及几亿到几十亿规模的华伦化工、华龙巨水、福庆家居、富腾军霸建材、庄禾竹建、西屋康达中央空调等知名企业。这些成功案例充分证明了我们课程和辅导咨询的实效性和老师的专业实力。

塑造价值点石成金的1131法则，最后一个"1"则是一个超级案例故事。当你面对某个行业的客户时，只需讲述同行业的成功案例，因为他们的痛点、关注点、价值点和需求往往非常相似。这样，客户不仅能感同身受，还能直接借鉴解决方案和最佳实践思路，效果非常好。做销售就是讲故事，讲故事就是要用"起点终点法",客户用我们产品之前遇到了什么问题和痛点,用了我们哪些产品和服务,过程怎么样,结果怎么样。客户不喜欢听大道理,但特别喜欢听故事。

1个字眼,1句话,3个支撑点,1个超级案例,这就是1131价值塑造法的构成。

6. LSCPA异议解除法,让客户自己说服自己

找到对的客户,用电话和拜访进行高效跟进,再通过放大痛苦和激发梦想渴望和目标找到客户的精准需求,再使用了点石成金的价值塑造,客户就一定购买吗?不一定,客户往往会提出一些异议。这些异议的背后,其实是他们的顾虑——他们可能对购买我们的产品或服务还不够放心。

通过异议处理,让客户自己说服,在处理客户异议前,我们首先要有一个正确的认知:异议到底是件好事还是坏事?"嫌货才是买货人",所以我们要积极拥抱客户的顾虑和担忧。毕竟,只有真正对我们产品感兴趣的人,才会提出这些问题。如果一个人对我们的产品毫无兴趣,他根本不会在意价格、效果等细节,更不会提出任何疑问。

因此,对待客户的异议,我们的第一个态度就是:拥抱异议。异议是成交的开关,处理好了,订单就能快速达成。那么,具体怎么处理异议呢?其实,异议的背后是顾虑。我们可以根据客户反对的程度,将客户的顾虑分为六个层级。(详

见图7-7）

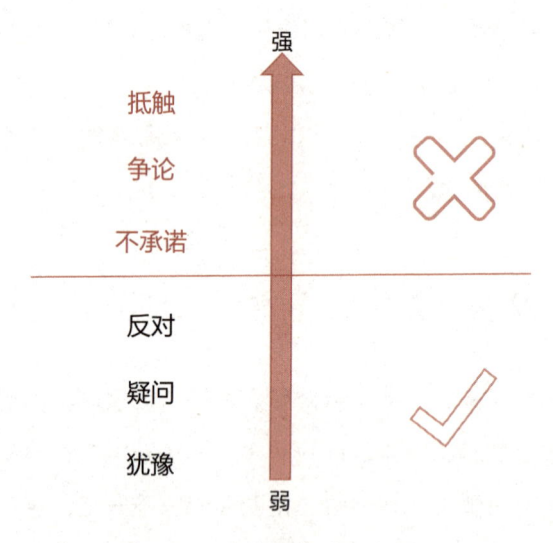

图7-7 客户顾虑的6个层级

第一个层级是"犹豫"。客户可能会问："这个真的有用吗？你们的课程真能帮到我吗？让我再考虑考虑……"这种犹豫不决的态度，正是我们处理异议的起点。第二个层级是"疑问"。客户可能会问："这个真的有用吗？确实能帮助到我吗？效果真的像你说的这么神奇吗？"你看，这就产生了疑问。第三个层级是"反对"。客户可能会说："不不不，这肯定是你们夸大其词，效果不可能这么明显。我上过这么多课程，大多数都没什么特别好的落地效果。"所以，他们开始反对。第四个层级是"不承诺"，答应你的事情他突然反悔了。第五个层级是"争论"，客户会和你辩驳、争论。第六个层级是"抵触"，无论你说什么，他们都非常抵触，语气、语调，甚至肢体动作都表现

第七章
复制销冠八大硬实力，打通业绩倍增最后一公里

出强烈的抵触情绪。

因此，根据客户反对程度的逐渐增强，我们将异议分为六个层级：犹豫、疑问、反对、不承诺、争论和抵触。首先，我们不要忽略客户的异议。如果处理不好，订单就无法达成，客户迟迟不会付款。其次，我们不要评判客户，因为每个人的背景、经历和认知都不同，他们对同一件事的顾虑也会不同。最后，我们不要预先假设，不要觉得客户肯定是因为没钱、嫌产品贵，或者其他原因，才不支持我们。我们不要预先假设客户的各种异议。客户的疑虑也是千变万化的，每个人的情况都不一样，所以我们不能随意猜测，而是要反复跟客户确认。

当我们在跟客户聊天时，如果发现客户的反对程度越来越强烈，从犹豫、疑问、反对，直接升级到不承诺、争论，甚至抵触，特别是当客户情绪非常激动、抵触情绪很大的时候，我们就要考虑是否要放弃成单机会，或者换一个角色来处理。比如，可以请你的经理、店长或总监来跟客户交流，缓和一下氛围。

接下来，我给大家介绍一下异议处理的 LSCPA 法则（详见图 7-8），针对任何客户的异议，万变不离其宗，抓住这个解除异议的底层逻辑，就可以以不变应万变。

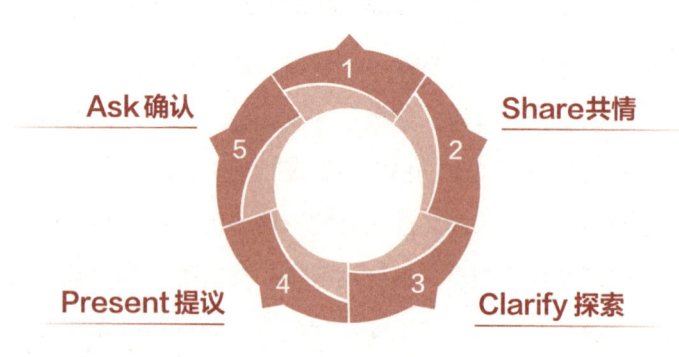

图 7-8 异议处理 LSCPA 法则

（图中文字：Listen 聆听、Share 共情、Clarify 探索、Present 提议、Ask 确认，1、2、3、4、5）

LSCPA 法则中的 L 代表聆听，不管客户的情绪有多激烈，骂得有多难听，或者牢骚、苦水吐得有多猛，我们都要先聆听。这个时候，可以运用本书前面分享到聆听的三个法则，我们要做的就是点头回应，表示理解。是的，聆听是关键，我们要积极地聆听客户，即使他的情绪再激烈，也不要轻易打断他，让他把心中的苦水、担忧、顾虑倾诉完。

LSCPA 法则中的 S 代表共情，共情意味着我们要感同身受，理解客户的感受。比如，我们可以说："如果是我，我也会有类似的担心和感受。"这样的话语能够拉近我们与客户之间的距离，有时我们可以重复客户的异议，可以让火药味秒变共鸣感。

LSCPA 法则中的 C 代表探索，去深入了解客户疑虑背后的顾虑。我们要探究他为什么会有这种顾虑，他之前经历了什么。我们要探索疑虑背后的真实想法、真实原因和真实担忧。

第七章
复制销冠八大硬实力，打通业绩倍增最后一公里

我们有一个客户是做高端塑形内衣的，她的客户群体主要是美业店的老板。这些老板非常认可该品牌和塑形内衣的效果，以及市场空间。但是，客户却不愿意提前打款，不愿意压货。他们表示可以代理产品，但希望先卖掉再结算。然而，我们的客户要求提前打款拿货。尽管客户非常认可产品，但他们就是不愿意先付款进货，而是希望卖完之后再结算。这确实是客户的顾虑，但为什么会有这种顾虑呢？经过一番了解后，我们发现她之前有过类似的合作经历，但最终产品没有卖出去，进货款全砸在自己手里了。因此，特别担心这次进货也会重蹈覆辙，货款再次被压在自己手里，货品变成一堆卖不出去的库存。你看，这就是她为什么会有这样的疑虑。她肯定是因为有过类似的不愉快经历或教训，才会如此担心。

LSCPA 法则中的 P 代表提案，通过聆听和探索，我们了解了客户提出疑虑背后的深层次担忧，以及她为什么会有这样的顾虑。这样，我们的提案才能更有针对性地解决问题。

在上面的案例中，客户担心进的塑形内衣卖不出去。我们针对客户的疑虑，探索了她的动机，发现她以前有过类似的不愉快经历。所以，她这次才会显得格外谨慎和担忧。针对这种情况，我们的提案非常具有说服力。客户邱总向她的代理商保证：我们的市场老师会全程入驻她的店铺，直到所有塑形内衣全部售出。如果货物没有卖完，我们的老师绝不会离开店铺。我们之所以敢

做出这样的承诺，是因为我们与众多店铺合作的成功经验让我们有信心做到这一点。此外，邱总还根据客户当前的客流量、客户质量、需求，以及店铺的体量，为客户做了一个详细的计算，向她展示了如果进行这次合作，她能够赚取的利润。这样一来，客户的顾虑很快就消除了。

LSCPA 法则中的 A 代表成交确认。很多伙伴在解除完客户的疑虑后，往往忽略了进一步的成交确认，这是我们需要特别注意的。解除异议不是目的，目的是扫除异议、顾虑这些障碍，直接达成成交收款。

客户之所以反对你，其实只有一个原因：他在这次采购中没有感受到个人利益的获得，甚至觉得自己的利益受到了损失。因此，我们在每一次谈判中，都要让客户觉得他赚了，让他觉得自己特别厉害，甚至让他觉得自己占了大便宜。这一点我们一定要特别注意。

最后，再给大家罗列几个处理异议的小技巧，解除客户异议的逻辑是先同理、后说服、再转化。当客户说"太贵了"的时候，我们第一步要承认我们产品的尊贵。比如，我们可以说："是的，王总，我们家的产品确实品质高，也确实不便宜。"第二步，我们要呈现产品的差异，告诉客户我们的产品贵在哪里。

我的客户是山东滨州做波形沥青瓦的，我们可以解释说："我们家产品用的是 90 号上市公司生产的中焦原材料，而竞争对手用

第七章
复制销冠八大硬实力,打通业绩倍增最后一公里

的是60号的便宜中焦。我们的波形沥青瓦在90度高温下也不会漏油或变形,而竞争对手的产品在四五十度时就会出现漏油变形等问题。"通过这样的方式,我们不仅能让客户理解产品的价值,还能让他们感受到自己做出了明智的选择。有图有真相,对吧?给客户看一个视频,因为客户采购了竞争对手的产品,可能在成本上价格上便宜了点。但是,产品刚拉到施工现场,在30多度、不到40度的环境下就开始融化了,变形成了"拔丝香蕉"。所以,我们要告诉客户,我们家的产品贵在哪里,要呈现我们的差异。

第三步,我们要回归客户的需求,塑造我们产品的优势。第四步,强化我们的优势。第五步,把我们的价值传递出去。第六步,获取客户的承诺。就像我们的宋冠军卖波形沥青瓦一样,他告诉客户差异,为什么我们的产品贵,贵在哪里,因为我们的原材料不一样。很多时候,我们还要回归客户的需求。

客户的需求不仅仅是价格,还有质量、成功验收、售后服务等。他做一个工程项目,虽然价格成本是一个方面,但如果质量不合格、不过关,他怎么验收呢?如果出现大批的售后问题,维修成本会非常高。所以,我们最好用数据来量化,再次回归客户的需求,强化我们的优势。我们的优势在于,虽然原材料价格可能稍微贵了一点,但我们的质量绝对过关,用上10年、20年,甚至30年都不会出现任何质量问题或维修问题。你看,这就是我们的底气所在。我们要把这种高品质、零售后、客户用了二三十年都没有售后问题的高价值传递给客户。最终,

我们做了这么多，异议也解除了，价值也塑造了，需求也挖掘了，最后要做的就是获取客户的承诺，就是要签约打款，让客户把合同定下来，把钱打过来。

客户认可其他品牌的产品，如何解除异议呢？很多时候，当客户问："你们家跟其他某某品牌有什么差别呢？"这个时候，你不要盲目地列出我们家的十大优势，而是要去问客户："领导，我想跟您确认一下，您看中的品牌跟我们的品牌都是大品牌，都非常棒。"我们千万不要去打压竞争对手，你说竞争对手坏话就是在自掘坟墓，会显得你很没有素质，而且你也是在变相侮辱客户的智商，让客户觉得自己没眼光。其次，我们可以这样跟领导沟通："领导，我想请教一下，您看中对方品牌的哪些优点呢？"然后，我们可以肯定领导的眼光："领导，您的眼光确实独到，这三个优点确实非常重要。"接着，我们可以进一步引导："那么，在这三个您看中的优点方面，我们家的产品是如何满足的呢？……根据我在这个行业16年的经验，服务了很多像您这样的客户，我觉得除了以上三点，我们家还有以下三个点，对您来说，是非常有价值的，而且这些是竞争对手做不到的，只有我们家能做到的独特优势……领导您觉得这些价值是不是也很重要？一定能帮助到您，对吧？"记得这个时候你一定要和客户做个确认。

客户担心产品效果，如何处理这个客户异议？我们要提供数据支持和客户案例故事，来增强客户的信心。讲故事时，最好有图有真相，有视频有真相。你可以播放一个客户的视频，

第七章
复制销冠八大硬实力，打通业绩倍增最后一公里

让客户真实地呈现：用对比法：在使用我们产品之前，他是什么样子的？使用我们产品之后，他又是什么样子的？这样的销冠故事，在向客户展示时，这种方式是不是特别有说服力呢？的确，效果非常显著。

所以，当客户提出异议时，我们首先要做到的是理解和共情，然后再进行说服和引导。在这个过程中，讲故事是一个非常有效的策略，因为直接讲道理往往难以打动客户。但是，如果我们能够展示真实的客户案例、见证视频和具体数据成果，客户往往能够自我说服，因为他们会感受到这些成果的真实性和影响力。毕竟，如果只是我们自己说，可能会显得自吹自擂，不够客观。因此，我强调每个销售人员都应该掌握至少 1001 个故事，这些故事在处理异议时非常有用。我们再遵循异议处理的 LSCPA 法则：先同理，后说服，再转换，最后确保承诺和成交。记住，解决异议的最终目的是促成交易，清除所有障碍，直接推动签约和付款，不能为了解决异议而解决，而忘记提出再次成交。

7. 三大成交法，让成交率飙升 50%

很多人都在问："成交有什么秘诀？"如果你的心法对了：种下冠军的种子、相信相信的力量、永远付出永远感恩，思维模式正确：以客户为中心、专业创造价值、简单听话照做，那么成交就是自然而然的事。

如果八大硬实力都掌握了，第一硬实力，客户找对了，也就是第一纽扣对了。如果你的电话和拜访流程高效清晰、沟通有成果，你擅长探寻客户需求，懂得塑造产品价值，妥善处理客户异议，那么成交就像呼吸一样简单。

如果要我总结成一个成交心法公式就是：成交 = 信任先行 + 专业为王 + 信念制胜 + 感动客户。我们要大胆勇敢，没有什么不好意思的，同时，我们要懂得动之以情、晓之以理、诱之以利。我们可以灵活运用场景法、对比法、案例法等技巧，让客户的成交过程变得水到渠成。

在我创业的这四年多时间里，我几乎没有主动推销过，大多数客户都是主动找上门的。就像我的客户，美发教育培训的姜总说的那样："钟老师，我是被你的专业价值吸引，主动要求成交的，而不是你推销给我的。"作为销冠，我们要带着爱与使命，以及专业能力去促成成交，真正帮助客户解决问题、排除障碍、达成目标、创造价值。成交的目的不是为了赚钱，而是帮助客户解决问题，顺便赚钱。所以，在成交时，我们一定要果断、自信。

在成交的过程中，我们既需要心法，也需要功法。心法是什么？就是我刚刚提到的成交心法公式：信任先行，专业为王，信念制胜，感动客户。

客户需求千变万化，除了掌握成交心法，我们还需了解以下四个成交功法，可以让你的成交率提升50%。

第一，时间节点成交法。举个例子，如果你知道客户的孩

第七章
复制销冠八大硬实力，打通业绩倍增最后一公里

子要结婚，或者他们即将搬新家，你可以通过倒推时间，帮助他们赶工期、赶交期。比如，在孩子结婚前把别墅装修好，或者在搬新家之前把家具定制都安排妥当。这样一来，你的成交就会变得顺理成章，因为时间本身就是一种非常有效的成交工具。通过这种方式，你不仅帮助客户解决了实际问题，还让他们感受到你的专业和用心，成交自然水到渠成。因为工期、交期和验收这些因素都是客户非常在意的，所以我们不能影响他们的进度。工期确实是一个非常重要的考量点。

第二，节日优惠成交法。比如各大节假日的促销节点，这其实是利用了客户情绪：客户都怕失去、客户爱占便宜、客户的从众心理等。

第三，风险转移成交法。就是让客户的决策没有任何风险，比如：第一天上完课程后感觉不满意，我们承诺全额退款，退款的速度绝对比客户打款的速度还快。打消客户所有顾虑，这也是我们做教育咨询常用的成交方法。

第四，特定需求成交法。成交并不一定非要靠降价才能达成，只要当我们真正站在客户的角度去帮助他们时，即使高出同行 30% 也可以成交。很多销售面对丢单时，往往会觉得第一原因就是价格太高了，但实际上，通过我们研究发现，在丢单的原因分析中，价格因素只占到 30% ~ 50% 的影响比例。所以说，销冠从不怪公司的产品服务价格太贵了，而是真正去了解客户的真实需求，为客户创造更大的价值。

卖波形沥青瓦的宋冠军，当他了解到客户的这个特定需求：因为北方冬天天气寒冷会上冻，客户急需赶在冬天天气上冻之前完工，他通过提供增值服务高出竞争对手30%的价格成交了。他不仅提供了高质量的波形沥青瓦，还在发货前根据客户的施工尺寸进行了剪裁，并派施工队过去指导，帮助客户赶在北方天气上冻之前顺利完工。你看，解决了客户赶工期这样一个刚需大问题，即使价格高出对手30%，客户依然愿意成交。

除了成交心法、功法，最后一个，就是人性成交法。做销冠我们要懂人心识人性。针对不同性格和决策风格的客户，你要采取不同的成交策略！

比如：分析型客户，很理性、注重细节数据和事实，决策慢！这个时候，你就要多强调产品的质量、可靠性、稳定性，提供客户案例和数据证明产品价值，耐心解答疑问，允许其有足够时间思考，千万不要逼单！

比如：支配型客户，很自信很果断，目标明确，喜欢掌控局面！这个时候你就要强调产品或者服务能帮助其节省时间、提高效率、增加收益，提供快速便捷的成交方式！

比如：和蔼型客户，他很友善随和，注重人际关系，决策时容易受他人影响，这个时候你就要强调产品的安全性、舒适性和售后服务，可以提及其他客户的好评和推荐。

比如：表达型客户，他很热情外向，富有想象力，喜欢表达自己！这个时候你就要强调产品的独特性和创新性，营造愉快的购买氛围,让他感受到购买是一种乐趣!

成交是多方面的,是综合维度的。大家一定要有成交的心法和功法,懂人心识人性。关键是要有专业、有实力、有使命、有爱心。所以说,我们一定要敢于突破自我,敢于把我们的产品推广到千家万户。我们的目标不仅仅是销售产品,更是帮助客户解决问题、排除障碍、创造价值,最终帮助客户实现目标。适合客户的产品,就是最棒的产品。我们要以客户的需求为导向,用专业和爱心去服务每一位客户,让他们感受到我们的真诚和价值,不断积累客户信任资产。

8. 极致服务,让复购和转介绍源源不断

我们费尽九牛二虎之力,好不容易把客户吸引进来。然而,如果我们不做好后续服务,那么这些辛苦开发的客户就会像漏斗一样,一边不断涌入,一边不断流失。因此,成功开发客户后,做好客户的分层分类管理至关重要。特别是老客户,我们需要定时、定点、定人地为他们提供极致的服务,有服务标准有动作。这样,你的客户池塘就会像沙漏一样,客户数量越来越多。因为当我们服务好老客户,尤其是那些大客户时,他们的复购和转介绍就会源源不断。要知道,优质的老客户身边往往也都是优质的大客户。所以,服务的重要性不言而喻。

但现实中,很多人一旦成交就不再服务,甚至希望客户不要再来找他们。面对客户的问题、投诉或售后需求,他们爱理

不理，这其实是极大的错误。我们必须重视老客户的服务，因为老客户就像我们后花园里的金矿，是我们床底下的金砖。如果老客户的复购和转介绍能达到40%或50%，那么我们每年的业绩增长就不会有太大压力。如果我们没能服务好老客户，导致他们的复购和转介绍率很低，那么我们的业绩增长就只能完全依赖新客户的开发了。这种情况其实非常危险，也非常累人。因此，我们一定要重视老客户的服务。

说到服务，我认为最高境界就是让客户感动。我们每个人既是消费者，也是销售员。我们既卖过东西给别人，也接受过别人的服务。回想一下，那些让我们心生感动的销售员，那些温暖而美好的瞬间，是不是都让人印象深刻？同样，当我们作为销售员，为客户提供一次让他们终生难忘的服务，从而获得他们发自内心的认可，这也是一件非常美好和幸福的事情。

所以，我们一定要用心做好服务。服务的重要性不言而喻，而服务的最高境界，就是带给客户永恒的温暖和感动。

具体来说，首先要做好常规服务。比如，每个星期、每半个月或每个月，至少要给客户发送1~2条有价值的信息分享。这里要注意，不是那种天天问候"早上好""中午吃了吗"的打扰式信息，也不是每逢节日就群发的骚扰类祝福。我们要提供的是真正对客户有帮助、有意义的资讯。我们要发送的，必须是有价值的信息。首先，你得了解你的客户群体是谁，他们的关注点、痛点、痒点在哪里，以及他们的兴趣点和价值点是什么。只有这样，我们才能确定发送什么样的信息对客户来说是

第七章
复制销冠八大硬实力,打通业绩倍增最后一公里

有帮助、有价值的。因此,我们一定要重视这一块。具体来说,可以设定一个固定的时间点,比如每周六发送一条信息,每次都是晚上 8 点钟准时发送。假设我们服务的对象是企业家和老板们,那么我们可以发送哪些对他们有帮助的信息呢?我们可以分享企业经营管理类的知识,或者关于销售业绩增长的技巧。此外,还可以涉及孩子的教育、夫妻相处之道,甚至是健康养生的建议。当然,时事热点和一些轻松愉快的笑话也可以成为我们的分享内容。

需要注意的是,我们发送的这些信息不能成为一种打扰,而应该是一种附加价值。让客户每次看完你的信息,都能有一种愉悦感和获得感,这是非常重要的。因为当他们有收获、有愉悦感的时候,他们有需求时就会想起你。如果你能时不时地出现在他们的朋友圈,让他们收到你的问候和分享,如果他有需要,也会第一时间想到你。你看,这样既不打扰客户,又给客户带来价值,还能让客户在有需要的时候想起你。这就是我们常规服务的精髓所在。

所以,我们一定要做好这种常规服务,特别是通过微信进行的有价值分享。持之以恒地去做,效果一定会非常棒。

创业这四年多来,我们从来没有主动去做过营销,而是专注于在朋友圈定时定点地分享有价值的内容。不忙的时候,我可能一周发一两条;忙的时候,可能一个月才发一两条。但就是这样持续地给客户分享了三四年,很多客户在有销售培训或咨询需求

时，都会主动来找我。我的客户就是这样积累起来的，而且通过这些方式，我们实现了1000多万的变现！

我们的常规服务还包括客户来到课程现场时的极致温暖服务。这样的服务让客户觉得特别贴心，客户感受到了一种被重视和关怀的体验。每个人来到一个陌生的地方，都希望能找到情感的寄托，或者有个小伙伴在身边服务，这样他们会觉得特别放心安心。通过这样2~3天用心的服务，客户完全被伙伴的服务感动，自然就会不断复购和为伙伴介绍新客户。

其次，我们要做好感动服务。我们的服务就是要做到客户的心坎里，让他们每每想起，都能心生温暖，感受到美好。

我们的一位大客户带着几十人的团队多次来上课。在课堂上，他们不仅热烈讨论，还上台发言、领奖、路演，这些精彩瞬间都被我们一一记录下来。记录这些瞬间有什么用呢？我们可以制作成精美的台历送给客户。台历有12个月，每个月除了日历，还可以放上他们团队一起学习的照片。这样一本台历花费不多，但给客户的感觉却非常棒。客户收到这份礼物后，非常感动。你看，这不仅仅是一本台历，它摆在办公桌上，每一页都记录着他们团队一起学习、努力精进、拼搏达标的场景，非常有感染力。

我们做服务，就是要做到客户心里去，让他们感动，这才是最重要的。此外，无论是国内，还是国外旅游，我们都可以

第七章
复制销冠八大硬实力，打通业绩倍增最后一公里

给客户带一些当地的特产或小礼物，让他们感受到我们的用心和关怀。我们很多伙伴出去玩的时候，都会记得给客户准备一些小礼物。俗话说"礼轻情意重"，客户其实并不缺什么，但缺的就是这份用心。这份用心可以体现在很多细节上，比如年后我们可以送一些老家的土特产，像是爸爸亲手熏的土腊肉、家里的土蜂蜜或者土鸡蛋，这些都能让客户感受到你的诚意。

常规服务，要让客户时常想起我们。感动服务，要给客户留下一生难忘的感动，让他们每每回忆起来，都能感受到幸福美好的瞬间，体会到我们的用心。最后是价值服务，即提供极具价值的附加服务。

以董事长等老板群体为例，客户来参加我们的课程时，我们能提供诸多附加服务。比如为他们做转训，担任他的管理和销售参谋，介绍优秀人才；若他们举办活动、招聘或有其他需求，我们帮忙转发信息；若他们寻找上下游合作伙伴或客户时，我们为其牵线搭桥；若他们子女有特殊教育需求，我们也能提供帮助。我们要多思考能为客户提供哪些有附加价值的服务。

三大心法、三大思维和八大硬实力共同构成了销售冠军的必然成功路径图，也是复制销冠的底层逻辑。

学完这些后，你需要做的就是勤学苦练。可能需要学 5 遍、10 遍、20 遍、50 遍，甚至 100 遍，然后不断实践，不断总结你的体感和收获。因为只有你去做了，你才能真正知道自己的不足和优势，哪些方面你已经掌握了，哪些还需要加强？只有

清楚地了解这一点，你才能更快地查漏补缺成为销售冠军，持续在销售领域取得佳绩，赢得客户的长期认可。更重要的是，你要持续为客户创造价值，给予他们长久地支持，确保他们始终满意。这一点非常关键，因为它直接关系到你的销售生涯能否长久成功。

附录：
销冠精华笔记和销冠必备工具

一、销冠精华笔记

1. 销冠一定要具备的特质

做了这么久销售，如果你还没做过销冠，请看看这三点特质你是否具备？

第一个特质，要充满热情。我记得我们有一个新伙伴刚来公司就出单了，他一大早跑到客户那里，当着所有员工的面把我们公司的梦想宣言大声背出来了，客户被他感动就签单了。对客户充满热情，客户就会更喜欢你；对产品充满热情，介绍产品时就会更有灵魂；对自己充满热情，自己就会有无穷的力量。当初很多销售小白一没专业二没资源，全靠 200% 的热情打动客户，赢得订单。

第二个特质，要善于思考。过去是什么都不会才去做销售，今天是什么都要会才能做销售，为什么？时代变了，现在做销售不是简单地做个传话筒，更需要你善于思考，洞察客户需求、

塑造价值和传递价值，有策略地干才能事半功倍，记住遇到问题时多问自己几个为什么？也许答案就在你的问题中。

第三个特质，要积极行动。很多销售每天的工作是消极被动的，因为考核电话量就去打电话，因为考核拜访量就去拜访客户，其实，你不要假装努力，结果不会陪你演戏，真正的销售高手都知道自己的每一个行动要有价值，积极行动是你主动去做，有计划地做，有成果地做。

2. 成为优秀销售员必读的一本书

销售在忙碌之余，一定要记得给自己充充电，大家都听说过一句话："销售就是信心的传递，情绪的转移。"但具体怎么传递？靠天赋？靠运气？还是靠拼命？ 我做销售的时候读的第一本书也是对我影响最大的一本书叫《世界上最伟大的推销员》，这本书告诉我：销售靠的不是"卖"东西，而是卖自己、卖价值、卖信念。

书中第二条法则：我要用全身心的爱来迎接今天。乍一听很鸡汤，但实操层面非常硬核，销售不是看谁口才好，而是看谁更真心为客户着想。举个例子，我开始做销售时候，一见到客户就是不停地介绍自己的产品如何好，结果总是被客户拒绝，自信心不断被打击，后来我改变了策略，先去了解客户的基本情况，帮助客户解决问题，从客户需求出发，主动关心和帮助客户，时间长了，客户就信任我了，以后，我推荐的所有产品他都买，还不断帮我转介绍新客户。这就是爱的力量，客户可以拒绝我们的销售，但不会拒绝我们对他的爱！

附录：销冠精华笔记和销冠必备工具

　　书中第三条法则：坚持不懈，直到成功，销售的难点在于经常被拒绝，这条法则告诉你拒绝并不可怕，可怕的是你因此放弃。举个例子，在我做销售的前3个月，因为一直没有出单，总想着放弃，当我读到这篇文章的时候，我又充满了信心，选择了坚持，后来通过不断努力我成为千人销售团队的销冠，赚取了人生第一个100万，我想说的是，成功之路，你只需要坚持再向前一步。

　　书中第九条法则：我现在就付诸行动。销售的卡点是说得多做得少，这条法则告诉我们，没有想出来的业绩，只有干出来的辉煌，干就对了！举个例子：我做销冠的那几年，得益于我每天保持开发一家新客户的良好习惯，这是非常有挑战的事情，每当我懈怠的时候，我就不断地告诉自己：我现在就付诸行动，立即行动。多一个电话、多一次拜访，都是在积累更大的可能性。想想那些顶级销冠，没有一个是靠想发家致富的，靠的都是行动！我们要珍惜今天的每一分每一秒，别再刷手机打游戏追剧了！做销售，时间就是业绩。

　　为什么《世界上最伟大的推销员》被称为"销售圣经"？因为销售的本质不是推销，而是建立信任关系。让客户信任你，喜欢你，愿意和你合作，甚至把你当朋友。用书中的一句话作为总结："失败不会击败我，只有我停止尝试，才是真正的失败。"所以，销售同行们，别停下脚步，去试试吧！等到有一天，你会发现：你不仅成了"世界上最伟大的推销员"，你还成了自己人生的大赢家！

3. 什么性格的人更适合做销售

移动互联网时代，内向的人比外向的人做销售更容易成功，因为内向的人是多听少说，外向的人正好相反，你觉得今天客户是喜欢口若悬河、花言巧语的销售，还是喜欢认真倾听、坦诚表达的销售？我做销售那会，每次见客户基本上都能签单，很多人都羡慕我，问我有什么绝招？我想了下，我见客户时有时说话会很紧张，脸都会红，但我每次见客户，我一定是全神贯注地听客户把话说完，然后我再坦诚表达自己的想法，发现每次客户都会很自然地签单了。

另外，内向的人心思一般比较缜密，更关注细节，更容易与客户共情。2013年底我正在冲刺集团冠军，我有一个大客户，我们之间没有沟通过任何产品，他突然发来信息问我要公司账号，10分钟左右给我打了50万，把下一年的学习费用提前打给我了。我复盘到底我做对了什么？就是多一点用心，在一次吃饭时他提到自己小时候父亲去世得早，所以他非常爱自己的母亲，但一直很忙没有时间陪她，心里很愧疚，我就以他的名义为他的母亲和太太精心准备了一份非常有意义的礼物，让他送过去，这份礼物感动了他的母亲和太太，更感动了他。

如果你比较内向，但也想做销售，行动吧！内向的人做销售更容易成功，只要你能够做到多听少说，坦诚表达，关注细节，多为客户着想，你就会成为顶级销冠。

4. 年轻人如何快速赚到第一桶金？

下苦功，一门深入，练就自己的绝活儿。不知道大家小时候有没有听说过打井的故事,从前有一个人想打一口井,他兴致勃勃地挖呀挖,可每次挖到几米深还没有看到水的时候,他就放弃了,他觉得这个地方没有水源,于是他又赶紧换个地方再继续挖呀挖,周而复始,他挖了几年,打了十几口井,可终究还是没有见到水。如果此刻你也历经沧桑,换了好几份工作,收获甚少,没有赚到自己理想的收入,我们不妨停下脚步,认真思索一下我的人生方向对吗?我有没有练就自己的绝活?就是能为别人带来大价值、解决大痛点的技能或者好手艺,最好能够做到极致没有人能够替代。我始终认为销售是离钱离梦想最近的工作,你看我们这几年我们身边赚到大钱的是不是都是些:做电商、微商、直播带货、做渠道做代理的。

5. 为什么说女性比男性更适合干销售?

因为女生更具亲和力,心思更细腻,服务更极致,更能够感知客户的需求!我们有一个客户在广州做铝建材的,他们的销冠也是女生。老板告诉我,客户的货每次从仓库发出的时候,这个女销冠就会把铝建材按照楼层用彩色的卡片标记好,这样就可以让客户现场施工更高效更便捷,如果第1层用的材料错拿到了18楼,你想想这个多么耽误工时和进度啊。公司也没有要求大家这样做,但女销冠就是这么用心付出,为客户着想。

6. 高学历要不要去做销售?

过去是什么都不会才去干销售,现在是什么都要会才能干销售。

过去做销售,只要胆子大脸皮厚,会请客吃饭拉关系就能做好业绩，但今天不灵了，为什么？第一，时代变了，过去是供不应求增量经济，买的没有卖的精，今天是供过于求，存量经济，卖的没有买的精，客户比你更专业了；第二，客户变了，过去客户喜欢关系营销，今天新一代的客户群体更需要的是价值营销；第三，企业要求变了，时代和客户变了倒逼企业对销售招聘的要求提高了，你看招聘简章普遍要求：专科以上学历，本科是标配，有些大厂明确标出985、211大学生。大学生干销售的黄金时代来啦，如果你是大学生，请大胆迈出这一步，你就是人生的赢家。

7. 在面试时，如何筛选出具有销冠潜质的人？

在培训咨询中，很多销售管理者和老板经常问我一个问题：老师，我们如何选销冠？我会反问他们：公司的销冠画像和标准有没有？销冠画像和标准可不是我们凭感觉拍脑袋拍出来的，我们一定要建立我们的销冠画像数据库，把历年销冠的特征进行汇总，提炼比对，形成清晰的画像，要具体到学历、身高、家境、经历等。下面分享三个小妙招助你挑选出潜在销冠。第一招，根据销冠画像进行严格比对；第二招，假设我是客户，我会喜欢他吗？我会信任他吗？第三招，运用测评工具和情景模拟等。赶紧试一试吧，会带给你意想不到的结果。

8. 销售老是不出单，管理者应该怎么办？

人是你招进来，你肯定要负责到底。

销售老是不出单，这个确实很头疼！开了再招，还是继续培养？让很多管理者很纠结。而且不解决人才培养带教的问题，你招再多也没用，也还是干不出大业绩，那种招进来马上就可以出单的人才毕竟太少了。我们还是要用心带教，秉承关爱感化、教育熏化、才能强化、制度固化的四化建设让员工在我们的平台得到成长。关于不出单，管理者要找到根因有效辅导：有的是新客户意向客户少，可能是客户画像不清晰，寻找路径不明朗，也可能是他的动力不足，话术和时间管理、客户管理能力不够。有的是意向客户很多，可上门拜访提案展示产品的客户很少，可能是他不能很好地激发客户兴趣，针对客户的不同需求提供个性化的解决方案，话术邮件千篇一律，没有很用心对待重要意向客户。有的是提案做了很多，可是成交的客户很少，可能是他没有找到关键决策人，对客户需求的理解能力和产品服务给客户带来的价值不是很清晰，拜访时的提问、倾听能力也有待加强。总之，销售管理者要做好思想带教、流程带教、能力带教，自己一手培养的兵最好用也最忠诚的。

9. 销售要不要给客户发节日祝福？要在哪些节日发？

每个节日都给客户发祝福，对客户来说就是一种打扰！而且给客户发节日祝福的人太多了，我们的祝福不仅显得廉价，而且没有一点儿差异化！所以我不建议大家每个节日都发！要发可以发一些对客户来说有价值、有营养、印象深刻的信息，比如我们的客户都是企业家，我一般都会发一些我个人最近辅导服务企业的感悟、近期学习收获等，另外客户最近关注啥在乎啥、客户的痛点难点是什么、客户的目标是什么、客户最近的困惑是什么等对他来说都是有价值的，我会坚持给客户分享，很多客户说非常喜欢看我的分享，收获很多！如果要发节日祝福，我觉得过年或者客户生日发比较好，这样能够凸显你的用心和差异化！

10. 销售会不会面临 35 岁职场危机？

做销售就像做匠人，越老越吃香，销售是一个人一辈子的修行，客户是我们一生的朋友，销售老人经常可以跟客户这么说：我因为有 16 年的专注，所以才有了现在的专业，一切都是为了你刚好需要的时候，我正好还在。还可以这么说，天气在变，服务不变；需求在变，态度不变；时代在变，品质不变；不管世界怎么变，我一直不变。干销售越老越吃香，一是你的专业得到了积累，二是你的信任得到了积累，三是你的客户资源得到了积累。

但这里有个大前提，要干一行爱一行，爱一行专一行，一定不能三天两头换工作，做职业跳蚤，这山望着那山高，最后竹篮打水一场空，职业跳蚤不仅不香，而且越老越不值钱，越老越没人敢要。让我们快乐做销售，一起迈向百岁人生，持续服务百年品牌。

11. 销售是不是一定要酒量很好？

如果酒量等于销量，那我们客户招标就只要举办一个喝酒擂台赛就可以了哈。我始终认为客户成交就 6 个字：信任、需求、价值，喝酒再多，交情再好，也只做了 30% 的成交动作，加深了信任，如果有一个竞争对手不仅能喝酒，而且还比我们更专业，更懂客户需求，更能帮助客户解决问题达成目标，更能为客户创造实实在在的价值，即使我们喝酒喝到肠胃穿孔，也照样会丢单，醒醒吧！

12. 做销售最重要的是什么？

做销售最重要的是什么？有人说做销售最重要的是要有野心，也有人说做销售最重要的是要懂得拿捏人性。而我认为最重要的是：价值！持续为客户创造价值！有句话说：没有永恒的朋友，只有永恒的利益。就是这个意思！客户给我们钱买我们东西最重要的是我们为他带来了价值，解决了他的问题、痛点、障碍，帮助他实现了既定的目标。因为掏钱等于割肉，割肉痛啊，可是他被问题折磨得更痛，比掏钱还痛，而我们的产品服务刚好帮助他离苦得乐，这个时候成交就水到渠成了。所以做销售最重要的是持续为客户创造价值，这个价值不仅包括产品的功能价值、经济价值、资产价值，还包括我们销售员所提供的情绪价值。所以一定要好好学习客户的业务知识，精进自己的专业，做个对客户有长期价值的人，你也一样可以成为销售场上的常胜将军！

13. 十几年销冠压箱底的销售技巧是什么？

我觉得是多一点原理：凡事都比别人多一点用心、多一点努力、多一点专业、多一点付出，你就会出类拔萃，个人品牌和差异化竞争优势就会彰显出来，最终获得更丰厚的回报。比如拜访完客户董事长，在回去的路上，我都会发一条感谢短信，并把刚刚交流达成的共识重申复述一遍加深印象，标准是：如果这条信息你自己读起来都没有感动、没有感觉，那么就不要

发给客户。比如：我们给客户的销售团队做专场培训，我们都会访谈调研 10~20 位销冠将帅，会做全员需求问卷调研，量身定制训战内容，现场还要当场 PK，专场训战结束后，我们会赠送一个月的线上落地辅导，客户有问题可以随时交流沟通，没有人要求我们这样做，我们一切为了客户价值最大化去用心做。因此我们的客户口碑非常好，转介绍率也非常高。多一点原理，你学会了吗？期待你的改变和收获！

14. 销售的朋友圈应该怎么发？

我总结为 3 条：第一，朋友圈要天天开张；第二，发的内容要有趣、有料、有用，更要有情绪价值，把自己当销冠感悟的心法、思维、硬实力，不断通过立体的生活、生命、生意的方式做输出；第三，多一点复利效应，除了朋友圈的广告，还有私信一对一的窄告，每个字都是自己一字一字敲出来，每月 2~3 条持续输出。

销售的朋友圈就是一座金山，就是一家公司，就是一个门店。里面装着我们最重要的客户资产，所以你一定要好好用心经营。不能一味广告轰炸，得做个有营养的圈友。所以你一定要遵守 334 法则来发圈。30% 发对客户有价值的信息，老板关心什么关注什么，我就发一些对他们有价值、有启发的内容；30% 发一些关于我个人的私人信息，让大家对我有个立体的认知，给大家展示有工作、有生活、有孩子、活生生的自我；另外 40% 我会发一些与产品相关的，不是硬广，而是客户见证、工作场景、专业分享。你的朋友圈每天都营业吗？你的朋友圈每天日进斗金吗？如果没有，那么赶紧动起来吧，一定要记得坚持，下日日不断之功，滴水穿石！

15. 销冠和销白最明显的差距是什么？

做对了以下三点，销售小白秒变销冠。第一，清晰客户画像，明确寻找路径，事半功倍；第二，深刻了解客户的行业、上下游产业链、核心竞争力、竞争对手、标杆、客户等；第三，高效科学的时间管理和销售方法论，用对方法，高效跟进。请静下心来认认真真做好这几点，你一定会梦想成真的！

有人问我销冠和销白最明显的差距是什么？这3点希望销白们学回去秒变销冠：

第一点，思维模式差距，销冠是先选择再行动，先选择精准大客户，再锁定开发，销白是只知道行动，无论什么样的客户都做。

第二点，对客户的理解差距，销冠更懂客户，懂客户业务知识，懂人性；销白只懂自己的产品，不懂客户业务知识，不懂人性。

第三点，每天时间安排不同，销冠永远只做对的事，并且在对的事情上专注聚焦直到做出成果来，销白们想做啥就做啥，眉毛胡子一把抓，喜欢做容易做却价值不大的事，比如，打个电话、做个报价、做个售后。

16. 颜值对做销售影响大吗？

颜值对销售的影响非常大，因为客户永远不会给你第二次机会建立第一印象。作为销售管理者，如果你招的人你自己都看不顺眼、不喜欢，客户怎么可能会喜欢呢？接下来分享三招迅速提升颜值：第一，早起读书健身，腹有诗书气自华，可以提升我们的底蕴、气质和自信；第二，做销冠，多赚钱，钱养人；第三，多帮助客户，客户的认可、赞美、欣赏可以滋养我们的灵魂，让我们精神富足。一个灵魂有趣、精神富足的人，其颜值一定会实时在线。

颜值高低决定业绩高低，这里的颜值更强调的是气质与气场。

第一大颜值：微笑。微笑是你最大的武器，我们当年做销售，办公桌前都放着一面镜子和一张梦想版，打电话之前我会刻意练习微笑，练10次以上就自然而然了，只要一看自己的梦想版就会能量满满。

第二大颜值：干练。认真，快，坚守承诺，凡事快一点。

第三点颜值：善良。永远保持一颗善良的心，为爱成交，一切成交都是为了爱。

17. 销售一定要口才好吗？

做销售并不是说得越多，或者越能说，业绩就越好。销售的本质是价值交换，销售的核心是沟通，而沟通分为三个部分：倾听、提问、陈述。我的老师曾经说过：说得越少，单子越大。为什么？因为说得少，可以有更多机会问和听，只有让客户多说，那我们对客户的需求、期望、动机等更深层次的东西就会了解得更多，那么我们的解决方案也就更能满足他的需求，打动对方，让他的顾虑和后顾之忧一一消除，成交自然就水到渠成。如果此刻你的口才不是特别好，只要你热爱销售，我相信通过努力付出，并用对方法，你也可以成为销冠。

18. 销冠一天的工作安排是什么样？

时间花在哪里，成果就在哪里，没有成为销冠不是你不努力，而是你没有按照销冠的规律去做，我们来看销冠一天的工作安排：

```
6:00-7:00    早起跑步、健身或者读书
8:00         到公司，打开销冠日志确认当天工作安排
8:30-8:45    部门早会，团队相互激励，能量满满
8:45-9:30    做拜访准备，客户信息搜集与拜访演练
9:30-11:30   拜访 1 家已经约好的客户
11:30-13:30  与客户或者同行一起吃饭，同时确认下午约见客户时间
13:30-16:00  再拜访 1 家提前约好的客户
16:00-17:00  电话开发新客户产生 1 个有效，同时预约次日拜访 2 家
17:00-17:30  自我总结自我反省，认真写拜访记录和销冠日志
17:30-18:00  部门夕会总结学习，查漏补缺
18:00-19:00  与同事或同行一起晚餐交流心得
19:00-20:00  继续沟通客户、分析客户，预约拜访做
```

> 到日事日毕
> 　　20:00-22:00　　读书或学习视频课程
> 　　22:00　　准时休息

销冠一天的工作安排，请对号入座，看看自己的时间安排哪里可以再去优化。

19. 做销售除了会说，还需要具备啥？

做销售除了会说，还要专业、懂客户！懂客户太重要了！很多销售只懂自己的产品和服务，见到客户后只知道一味地推销自己的产品如何如何好，接下来就是降价拼价格！如果我们对客户的上下游产业链生态圈、客户行业、业务、赚钱模式、核心竞争力、客户的客户、标杆、竞争对手、需求有深刻理解，那我们就能更好地利用我们的产品服务或者整合公司资源等来帮助客户解决问题、达成目标、创造价值，因为你说的每一句话都能说到客户心坎里，你想的每一个解决方案都能真切帮助到他，你实在太专业了太懂我了，行，我信你！这个单子交给你我放心！

20. 销售能不能玻璃心？

做销售千万不能有玻璃心，我们得有一颗坚不可摧的钻石心。销售过程中会遇到很多拒绝和挫折，比如客户的冷言冷语、频繁拒绝或者投诉。如果玻璃心，就很容易被这些负面情绪所影响，对我们搞定客户、提升业绩一点儿帮助都没有。接下来分享几个粉碎玻璃心的好方法：第一，明白客户拒绝的不是你，而是他的惯性使然；第二，只允许自己低落 5 分钟，5 分钟之后赶紧抽离出来，去吃一顿火锅安慰一下自己或者跑步一小时快速发泄出来；第三，做销冠，通过帮助一个又一个客户，在成就客户的过程中升华自己，小我越小，大我越大，拥有金光闪闪的钻石心。以上三个小妙招你学会了吗？赶紧试试！

21. 客户不回消息应该怎么办？

去客户那里消费，成为客户的客户，给客户转介绍客户，客户一定秒回你信息，事实上，再大的客户永远都缺客户，多做一些对客户有价值的事情，他一定会回你信息，因为世界上没有永远的朋友，只有永远的利益。如果做了这些，客户还是不回你信息，那就果敢地删掉这个客户，因为他也不是你的客户，赶紧寻找下一个精准客户，与其耗费太多时间在他身上，不如赶紧下一个，the next，永远记住客户千千万，找对的最重要。

22. 销售成功的关键是什么？

销售成功的关键是找对大客户，你看我们穿一件衬衫，如果第一粒扣子扣错了，后面做得越多错得越多。同样，无论你有多么专业多么努力，你的销售技巧再好，你最利他、最为客户着想，可是如果你的客户找得不对，那你永远也成功不了，永远也当不了销冠。我常常说：销冠找客户就好比老板定战略，方向不对，努力白费。你的第一纽扣扣对了吗？

23. 销售最好的套路是什么？

我记得有一句话常常挂在我们嘴边：销售最好的套路就是没有套路，告诫我们大家做销售要真诚。可我今天想说的是，真诚永远是我们做销售的根本，真诚永远是我们做销冠的标配。现在是套路过剩的年代，客户都极其聪明极其理性，反而是越真诚越真实才能打动客户促成交易。如果说现在销售还有什么套路，那套路就是好好学习，拥有扎实的销售基本功和科学高效的销售方法论，这个套路才货真价实，才能够给你带来黄金万两。

24. 产品重要还是靠谱的销售重要？

产品固然重要，但靠谱的销售更重要，现在产品同质化已经相当严重了，所以各大商家开始严重内卷，疯狂打价格战！其实，真正的差异化就体现在我们销售身上，现在市面上的产品其实都差不多，产品达标、优质都是最基本的，但每个销售的靠谱程度、专业实力和服务能力就千差万别了。靠谱的销售有三个特点：第一，他非常专业，能够站在你的角度全盘思考，立足长远，针对你的问题匹配最佳解决方案，出手就是高手；第二，他非常敬业，他对每一个环节都尽心尽力，做出的成果超出你的期望，让你惊喜让你感动；第三，乐业，他精心钻研，乐此不疲，对工作永远充满激情干劲十足，有的时候你都被他感染同化。所以，你买任何东西，要是能遇见靠谱的销售就是你的福气。

25. 做好销售，需不需要强势？

做好销售，其实是需要强势的，强势的人给人感觉就是自信、底气足，语气坚定，有清晰明确且专业的价值主张，其实客户是需求专家，他对产品的了解和专业程度大多数是不如销售的，我们销售天天接触产品、接触客户、长年累月深耕这个行业，其实没有谁会比我们更专业、更懂产品性能、更懂得如何帮助客户。很多时候，客户都有选择困难综合征，非常纠结内耗，问题又得不到有效解决，被折腾得够呛，所以这个时候我们销售就要给客户吃个定心丸，给出专业有效的解决方案和案例见证，此时你越坚定越强势，对客户来说反而就是得到解脱的开始，就是真正帮助客户的开始，所以该强势的时候就要强势起来，救我们的客户脱离苦海，得到幸福快乐。

26. 销售是不是铁饭碗？

我始终认为，我们要把销售当作我们一生的事业去经营，要把客户当作我们一辈子的亲人去对待，做销售永远不要用打工者的心态去做，你就是老板，创造财富，上不封顶。如果做一行爱一行，爱一行专一行，在这个纵深的领域持续深耕，你就是专家，你就是区域大王，当你拥有专业、人脉、客户资源的时候，你就掌握了钱脉，有专业到哪里都受人尊敬，有人脉资源啥事啥客户都能成交搞定，你就是一个特别吃香的香饽饽，所以销售就是人生的铁饭碗，让人羡慕不已。

27. 学会这 6 句话实现快速成交

这 6 句话，你只需要每天坚持练习 15 ~ 20 分钟，坚持一

个月，就能让你业绩轻松翻10倍。第一句话，"您看什么时候方便呢？"一定要改成"您看是上午方便，还是下午方便？"准确的时间和地点，不要给客户拒绝你的机会。第二句话是，"您随时可以联系我"，一定要改成"我抽个时间联系您"，一定要让客户觉得你的时间也非常宝贵。第三句是，"您还有其他的顾虑吗？"改成"我很想了解您的顾虑是什么，是产品的效果问题，还是价格问题，还是觉得我们的服务不够好？"一定要学会引导客户说出他的担心和顾虑。当你能够准确获取客户的担心和疑虑时，自然就能轻松帮他解决问题。第四句话，就是把让人很厌烦的强行推销，改成"不管您买不买都没有关系"，一定要学会打消客户的顾虑，建立信任感，这叫欲擒故纵，不销而销。第五句，"您考虑好了吗？"改成"您是买这个呢，还是买那个呢？"现在有选择困难症的顾客，真的是太多了，只有我们帮客户做决定，不断地试探性成交，到最后你才能快速促单成交。第六句话，"请问一下，您是怎么支付呢？"一定要改成"您是刷卡，还是现金，还是线上支付呢？"引导客户，马上行动。以上这些快速成交客户的技巧你都学会了吗？

28. 有效刺激客户下单的销售话术

做销售，如果客户说等我有需要了再联系你，你就开玩笑地说，"先生，谢谢您这么委婉地拒绝我，我知道您是顾及我的面子，但是没事，我脸皮很厚。"这么说就能一下子拉近和客户的距离，客户还可能会哈哈大笑，这时你借着这个轻松的氛围，你立马可以接着说："先生，其实谁买东西都是会认真考虑的，但是您先别着急拒绝我，有我当备胎的日子，您可以到其他地方放心地比较，您看完别人家，如果心里拿不定主意，您可以再回来问我，我一定跟您实话实说，其实您看多了就会知道，市场上的产品真的都差不多，但是不同销售人员的靠谱程度和服务能力就不一样了，我们家在这个行业已经做了很多年，我可以拍着胸脯说，在我这下单的客户，对我们评价都非常高，如果您货比三家之后不知道怎么选，别忘了还有我这个靠谱的备胎呢，到时不用你说，我一报价您就知道我有没有诚意了。"你想一下，这么爽快幽默还能替客户着想的销售，你说谁碰见了会不喜欢？不管你信不信，高情商，会带节奏，又幽默的销售一定是人见人爱，成交的速度就是比一般人快。

29. 做销售，要做到三不急

我们做销售，一定要做到三不急：第一，千万不要急着说话，一定要先学会听客户在说什么，我们在客户面前永远要少讲话，多听，多认同；第二，不要急着卖货。一定要记住，先了解客户真正的需求；第三，不要急着报价，千万要记住，价值不到，价格不报。一定要把这句话牢牢记住，永远都不要跟客户讨论价格，而要跟客户讨论价值。一定要先学会塑造产品的优势，让客户感受到价值，这样他才会觉得物超所值，才会有购买的欲望。否则你的客户永远只会跟你说一句话，就是你们家的产品哪哪都好，就是价格太贵了。

30. 记下这4点，销售业绩倍增

你们知道销售最大的敌人是谁吗？我告诉大家，不是对手，

不是价格，也不是客户难沟通，更不是产品不好。作为一个销售，最大的敌人是你的抱怨。如果我们想做一个优秀的销售，一定要牢记下面几点。第一，充满信心的情绪是可以传递的，信心也是可以转移的，记住，你有多自信，客户就有多信任；第二，一定要敢于成交，一定要相信自己的产品，认定我们的产品是可以帮助对方的，永远都要有这个信念，就是你心怀利他之心，何惧之有；第三，一定要创造良好的感觉，产品是不会说话的，但如果我们在卖产品的时候能带给客户良好的感觉，这样就能让产品会说话；第四，一定要学会当一个好听众，在销售的过程当中，要学会尽量让客户多说，自己多听，同时我们还要不断地引导客户，让客户觉得是他自己在做选择，而不是被你所左右，是按自己的意志在购买，这才是最高明的销售方法。

31. 销冠必背的 10 句金句

第一句：我不推销，我只会推荐，如果您相信，我们就可以合作，如果您有需要，正好我又专业，您来找我，我随时恭候。第二句：所有免费和低价的东西其实才是最贵的，因为它花了你的金钱和时间，但是却没法帮你解决本质问题。第三句：其实我们说性价比，比的就是服务的细节、专业效果，以及售后，而不是简单的一句价格便宜。第四句：不同价位代表着不同的品质，贵的东西不一定就适合你，便宜的东西也不一定都不好，只有适合您需要的产品才是最好的。第五句：希望您买的每一样东西，都是因为喜欢，而不是因为价格便宜，这就好比结婚是因为爱情，而不是凑合。第六句：所谓的物美价廉只是一种营销手段，一直以来都是一分钱一分货，白菜的价格永远买不了人参。第七句：品牌从来都不是靠花言巧语，而是诚实守信，卖产品靠的不是低价格，而是好品质。第八句：我没有办法给你更低的价格，但是我可以给您更好的服务和品质。第九句：不愧对每一个客户的信任，是我做人的基本准则，不辜负每一个客户，是我的人生信条。第十句：不要看贵不贵，而是要看对不对，真正适合您的东西再贵也不贵，不适合您的东西就算不贵也是一种浪费。

32. 为什么说销售就是一场修行？

其实销售就是一场修行！修我们的情绪化，我们会在这场修行中情绪越来越稳定，同时我们的内心也会变得越来越强大；它会修我们的自在感，让我们做销售时不会再感觉到很紧绷，也不会有太强的功利心，我们会习惯在因上努力，果上反省，客户也不会再反感我们；修我们的共情力，只有真正走心，才能和客户进行有效沟通，而学会倾听，才能和客户共情，因为谈判的核心不是一味地说，而是认真地倾听；同时还能修我们的一身傲骨，让我们知道天外有天，人外有人，我们会愿意低下头去持续地成长；最后还能修我们的执行力，因为只有拥有很强的执行力，才能跑在我们的竞争对手前面，才能争取到更多的机会。

33. 销售要求着别人买，还是亮出自己的价值？

我们要做专业的价值型销售，敢于亮出自己的价值：第一，我们从心态上要转变：把求人气短的心态转变成助人为乐；第

二，我们要善于亮出自己独一无二稀缺的差异化价值：对手做不了的，我们家特别擅长的，而且对客户又有非常大价值的点；第三，我们要真真切切帮助客户解决问题：无论大问题小问题，只要客户需要，我们全力以赴去付出不计较，久而久之客户就信任我们、依赖我们、离不开我们，这个时候我们还需要去求别人吗？所以别跪着求客户了，你得站起来靠专业和实力征服客户才是长久之计！

34. 做销售会遇到的难点和痛点是什么？

没客户、没方法、没业绩，我觉得这些都是表象，最根本的问题是没有目标感、情绪化太严重、不学习不创新！一个有目标感和销冠梦想的人，没名单自己会想方设法去找精准客户名单，没方法他会去向销冠和领导请教学习，加倍钻研和努力学习！业绩自然就不成问题！第二个，就是情绪化，很多人动不动就玻璃心，动不动就悲伤痛苦一蹶不振，在低谷里沦陷爬不出来！还有一些人刚好相反，取得一些小成绩就沾沾自喜、骄傲自满，对待每一天的工作和客户就不再像以前那么用心努力，结果好景不长，飘了几个月，就打到低谷沦陷，进入恶性循环！第三，就是不学习不创新，还拿着过去的理念、思路、经验做销售，时代变了、客户变了、消费模式变了，你还不变，肯定会被淘汰。所以一个有销冠目标感、情绪稳定、有正能量、又爱学习的人，一切销售难点痛点都不是问题！

35. 销售丢单的常见原因有哪些？

所谓吃一堑长一智就是这个道理！销售丢单最常见的原因

就是：第一，价格，报价失误；第二，对采购流程不清晰，没有搞定多个采购角色：决策者、使用者、技术把关者、内线小蜜蜂，没有小蜜蜂内线给我们提供可靠情报信息，所以很多单子都是盲目操作凭运气；第三，经验主义。

36. 做销售后的出路是什么？

做销售就要练就一身好本领，这样出路会有很多！第一，可以走专业线，成为专家，负责公司的行业大客户开发与服务；第二，可以走管理线，向上晋升；第三，可以成为公司的HR或者政委，负责招聘培训、负责员工思想工作实在太合适了；第四，可以成为公司的合伙人，单挑一个空白市场，自己当老板，自负盈亏；第五，自主创业当老板，因为有客户资源，有专业实力，有销售能力，所以创业会比较容易成功。

37. 销售流程可以标准化吗？应该标准化吗？

销售流程必须标准化，唯有标准化才可复制，才高效，才可以确保客户体验一如既往地好，提高成单概率。

销售流程就是新人出单的导航图！它明确告诉我们新伙伴出单的第一步、第二步、第三步应该怎么做！流程里每一步的关键动作是什么，做到什么标准才算合格！流程、动作、标准应该是明确清晰的、可量化、可操作可落地执行的！如果你的企业还没有销售流程，那么请赶快认真梳理出来，真的非常重要！

38. 第一次拜访客户应该注意什么？

客户永远不会给你第二次机会建立第一印象！所以我们在

第一次拜访客户的时候，一定要真诚、专业、注重细节！第一，套路过剩的时代，唯有真诚走心才能走进客户的内心，赢得客户的信任和好感！第二，专业实力是我们为客户创造价值的根本，你的专业会让客户对你肃然起敬，你就从销售员小张立马变成了有专业价值的张老师！第三，注重细节，细节决定成败，我们在拜访完客户之后，要把会议室复原归位，凳子摆好，水杯扔进垃圾桶，电灯关掉！这是我们每个优秀的销售必备的职业素养。

39. 销冠是可以复制的吗？如何快速复制销冠？

不重视复制销冠就是老板和销售管理者的失职！首先，造摇篮。老板要非常重视造冠军摇篮，让大家看到、听到、感受到的都是对英雄销冠和销冠精神的推崇和重奖，非常有仪式感；第二，编教材。老板非常重视萃取历年历代销冠的宝贵经验、话术和开发客户的妙招，沉淀下来做成我们的销冠秘籍，作为新人的培养教材和团队带教的工具，每年进行迭代升级；第三，做训战。持续给销售团队进行赋能和训战，一年至少4次集体赋能，让销冠成为我们的老师，手把手教授大家，也可以请外部的销售专家老师进行训战！

40. 销售正确的报价方式是什么？

报价是一门艺术，报高了客户跑了，报低了又让自己的利润白白流失！所以到底该如何正确报价呢？首先，可以问下客户的预算。你可以这样说：王总，您的预算方便告诉我一下吗？报高了让您为难，报低了又达不到您的需求！其次，报区间！因为数量、材质、工艺要求不同，价格也有差异！最后，一定要加一句：这年头大家都不容易，对每个客户都十分珍惜，您放心啊，只要您诚意合作，我一定会给您最低的价格、最好的服务！那么现在我们先详细谈谈您的需求吧，回归需求，塑造价值，价格自然不贵。

二、销冠秘籍大公开！"销冠日志"可以改写销售命运

我们干销售，每天在市场里冲锋陷阵，面对客户千奇百怪的需求、同行激烈的竞争，是不是常有迷茫无措、灵感枯竭的时候？感觉自己像在迷雾中摸索，离那亮眼业绩总差几步。

我想通过自己的分享，服务和帮助更多人快速成长，成为冠军，取得更大成功！

"销冠日志"是我和张全老师通过研究销售冠军成功的底层逻辑，结合自身成为销售冠军的实践，以及在各行各业导入这套销售冠军复制体系总结提炼而形成。

这本日志包含：成为销冠能量加油站、成为销冠必然路径图、3个月快速成为销冠的核心方法论、成为销冠必备的目标管理、成为销冠必备的时间管理、成为销冠必备的行动管理、成为销冠的业绩倍增公式、成为销冠的721法则、成为销冠必备的工具表格等，这套知识体系和实战经验用过的客户都说绝对价值百万。

清晨翻开它，规划板块条理清晰，像贴心导航，助你锚定

今日核心目标，梳理潜在大客户，按优先级排好拜访行程，绝不瞎撞乱闯，每一步都迈向成交。拜访途中，细节记录区超实用，客户喜好、顾虑、随口一提的小愿望，都能精准捕捉，再难缠的客户，下次见面也能投其所好、化解心防。

谈单遇阻？复盘板块是你的"智囊军师"！把失败案例拆解透彻，症结、失误、可优化点一目了然，对症下药，下次同样困境就能巧妙突围。成功签约，也能深挖亮点，提炼必杀技，复制到后续业务里，雪球越滚越大，成交越来越顺。

每晚回顾，看着满满当当记录，成长轨迹清晰可见，经验值疯狂飙升。坚持使用日志一整年，从话术打磨、客户关系深耕，到策略灵活调整，全方位蜕变，拥有它，下一个销冠就是你！

我希望销售小白通过学习"销售冠军复制"和配套使用"销冠日志"，不再迷茫，懂得出单全流程，快速出单，持续出单，迅速成为销售冠军，创造更多纪录！

我希望销售老手通过学习"销售冠军复制"和配套使用"销冠日志"，不再是老油条，激发动力，重塑梦想，重新出发，业绩再创历史新高！

我希望销售管理者通过学习"销售冠军复制"和配套使用"销冠日志"，重新审视销售全流程，招聘并培养更多销售冠军，帮助和成就团队大业绩！

大家接下来可以试着填写下"销冠日志"一周的模板，来开启你的销冠之路。

附录：销冠精华笔记和销冠必备工具

"销冠日志"使用说明书

1. 销冠日志和普通的日记本、工作本有什么区别呢？

一年 365 天，你的成长足迹都会在这本日志里，你的梦想、目标、成长点滴都会在这里，并且是按照时间顺序，你想知道某年某月某日你的工作是什么，你的成长是什么，你跟谁见面了，只要打开这一天的日志，一切历历在目。

你只要坚持填写这本日志，你就会逐渐具备销冠的基因，你会因为践行这个系统而成为销冠，并且持续获得成功。

2. 为什么要填写"销冠日志"？

第一，你亲笔写下来的文字，更能让你感受到其意义和重要性。

第二，好记性不如烂笔头。当你做到每日填写"销冠日志"，就相当于每日把你的梦想、目标、成长和行动进行强化，每个成功要点都经过你的思考，就会形成一种潜意识，这样你的行为就会慢慢发生变化，最终你就会成为销冠，你的梦想和目标都会随之实现。

第三，填写"销冠日志"比使用手机和电脑更直观、更有温度、更有创意，当你写完 365 天，你就写完了一本自己人生的成长之书，这个将是你人生最宝贵的财富。

3. 如何高效使用"销冠日志"？

方法1：一把手工程

（1）一把手要造冠军摇篮，推冠军文化，定冠军机制；

（2）带领团队一起学习钟华老师"销售冠军复制"线上课、线下公开课或入企训战课。

方法2：制度+检查

（1）推行两会制度：晨会+夕会；

（2）部门经理在晨夕会上每天检查，人力资源部每周检查，若未按标准填写，部门经理承担连带责任。

方法3：善用外力，持续精进

（1）预约专家老师，在线或入企辅导使用"销冠日志"；

（2）走进标杆公司参观晨夕会和学习标杆公司"销冠日志"成功落地经验。

方法4：坚持不懈，养成习惯

（1）每年底做好本年度复盘，并设定下一年度梦想版和年度规划；

（2）每月底前做好本月总结和设定下月目标规划；

（3）每周日前做好本周总结并设定下周目标规划；

（4）每天睡觉前做好当天工作总结并设定明日工作计划。

年度目标分解及差距分析表

月份	原定目标	实际达成	差距分析
1			
2			
3			
4			
5			
6			
7			
8			
9			
10			
11			
12			

月升维：____月规划表

维度	具体内容	完成情况
本月目标		
跟进客户		
关键行动	A1	
	A2	
	A3	
	A4	
	A5	
本月立志		
本月成长		
本月健身		
本月改过		
本月行孝		

____月总结表

1. 月目标完成情况及得失分析	
2. 月客户盘点及客户得失分析	
3. 关键行动回顾及过程量分析	
4. 下月改进计划	
5. 自我承诺及兑现	

附录：销冠精华笔记和销冠必备工具

周管理：_____周规划表

维度	具体内容	完成情况
本周目标		
跟进客户		
关键行动	A1	
	A2	
	A3	
	A4	
	A5	
本周立志		
本周成长		
本周健身		
本周改过		
本周行孝		

_____周总结表

1. 周目标完成情况及得失分析	
2. 周客户盘点及客户得失分析	
3. 关键行动回顾及过程量分析	
4. 下周改进计划	
5. 自我承诺及兑现	

日经营

周一　年　月　日		锁定目标 要事第一 做足过程	完成情况
今日目标			
跟进客户			
关键行动	A1		
	A2		
	A3		
今日成长			
今日健身			
今日改过			

周二　年　月　日		锁定目标 要事第一 做足过程	完成情况
今日目标			
跟进客户			
关键行动	A1		
	A2		
	A3		
今日成长			
今日健身			
今日改过			

附录：销冠精华笔记和销冠必备工具

日经营

周三　年　月　日　　锁定目标 要事第一 做足过程		完成情况
今日目标		
跟进客户		
关键行动	A1	
	A2	
	A3	
今日成长		
今日健身		
今日改过		

周四　年　月　日　　锁定目标 要事第一 做足过程		完成情况
今日目标		
跟进客户		
关键行动	A1	
	A2	
	A3	
今日成长		
今日健身		
今日改过		

日经营

周五　年　月　日		锁定目标 要事第一 做足过程	完成情况
今日目标			
跟进客户			
关键行动	A1		
	A2		
	A3		
今日成长			
今日健身			
今日改过			

周六　年　月　日		完成情况
今日目标		
跟进客户		
关键行动	A1	
	A2	
	A3	
今日成长		
今日健身		
今日改过		

周日　年　月　日		完成情况
今日目标		
跟进客户		
关键行动	A1	
	A2	
	A3	
今日成长		
今日健身		
今日改过		

年蜕变：年度复盘表

1. 回顾你的梦想版、年度目标、月度目标、复盘下哪些已经达成了，哪些还在进行中，哪些没有实现？为什么没有实现？

2. 总结本年度你的成长与收获（从事业、财富、成长、健康、家庭五大维度展开）。

3. 总结本年度需要提升的地方并制定下一年改进计划。

三、AI 销冠系统，让复制销冠插上 AI 的翅膀实现业绩腾飞

为了加速复制销冠，我们华全赢咨询还研发了 AI 销冠系统，深度融合 DeepSeek、通义千问、豆包等顶尖 AI 大模型，以"数据驱动+AI 赋能"为核心，重构销售智能管理全流程。AI 销冠系统是一款基于 AIGC 技术，借助小米或 vivo 工作手机接口能力，为企业销售员工量身打造的企业销售全流程管理系统。AI 销冠系统集信息流广告算法优化、客户线索分发、AI 销冠话术助手、微信工作量统计、销售通话量管理、客户资料管理和客户订单管理等功能于一身。AI 销冠系统上线即助力企业 10 倍速复制销冠，让业绩倍增插上腾飞的翅膀！

我们总结了 AI 销冠系统 6 大核心价值，让企业复制销冠，业绩倍增"有迹可循"。

价值 1. 销冠能力"一键复制"：人人都能成为销冠

AI 拆解销冠话术：深度分析销冠沟通录音和沟通记录数据，自动生成高转化话术库，人人皆可以一键复制；

AI 智能策略推荐：根据客户画像，实时推送销冠级跟进策略，新手秒变"老司机"；

AI 客户意向透视：AI 实时自动分析聊天记录，精准判断客户需求与成交卡点，指导精准破冰。

案例：某教育企业上线1个月，新人成单周期缩短60%，团队业绩环比增长230%。

价值2. 客户资产"零流失"：从人管人到系统管资产

客户资源全加密：客户号码AI脱敏，沟通记录云端存档，销售无法删除导出；

离职无缝交接：客户跟进轨迹自动生成档案，新人1分钟接手，资源0损耗；

公海智能分配：沉睡客户自动回收，AI匹配最佳跟进人，资源利用率提升70%。

案例：某B2B企业3个月减少客户流失超85%，资源沉淀为企业数字资产。

价值3. 管理效率"十倍提效"：从人盯人到数字化驱动

销售全流程可视化：客户跟进轨迹、沟通记录、成交漏斗实时看板，管理一目了然；

AI智能质检：敏感词、飞单行为实时预警，风险拦截率超95%；

决策有据可依：自动生成客户画像、转化率分析、团队产能报表，告别"经验主义"。

案例：某零售企业通过系统数据分析，优化跟进策略，单客户转化效率提升3倍。

价值4. 风险防控"天网系统"：合规与增长双赢

敏感词实时拦截：辱骂、过度承诺等违规话术AI自动识别，同步管理者预警；

行为轨迹全追溯：红包转账、私发名片等飞单行为全程留痕，责任可追溯；

合规话术库：内置行业合规标准，自动推荐风险规避话术，降低法律风险。

价值5. 打造"销冠战队"：从个人英雄到系统作战

销冠案例库：顶尖销售的沟通策略、谈判技巧AI拆解为可复制模板；

智能陪练系统：AI模拟客户刁难问题，新人实战训练通关率提升90%；

团队作战看板：销售过程量和业绩实时排名、目标进度透明化，激发良性竞争。

案例：某软件企业3个月人均产能提升40%，团队离职率下降65%。

价值6. 新质生产力落地：销售行业的"工业革命"

AI销冠系统不仅是工具，更是销售数字化转型的基础设施；

AI算法：精准预测客户成交概率，自动分配最优资源；

云计算：亿级数据处理能力，支撑高并发业务场景；

大数据：行业级知识库持续进化，让企业始终快人一步。

谁需要上线AI销冠系统？

1. 销售团队超3人的企业；

2. 客单价高、成交周期长的行业（如教育、B2B、金融）；

3. 渴望加速实现销冠能力复制、资源资产化、管理数字化的老板；

欢迎您与我交流贵企业运用AI的成果与经验。

致 谢

本书的诞生，是无数智慧与爱心的结晶。在此，我怀着无比感恩的心，向所有照亮我成长之路的贵人致以最诚挚的谢意：

首先，深深感恩行动教育董事长李践老师高维智慧的启迪与培养，感谢行动教育营销副总裁黄强先生的榜样引领，感谢行动教育原上海分公司施淇丰总经理、郝珊丽总经理的言传身教，感谢行动教育付小平老师给我提供大项目运营与实践的舞台，感谢销售启蒙老师：陈军老师、崔建中老师、贺学友老师，以及方太集团董事长兼总裁茅忠群先生、销售与服务副总裁陈浩先生、高旭升校长、陈辉院长等前辈老师的实战真传。

拥有以下机构的长期支持和陪伴，成为我成长的阶梯和食粮！借此机会，对这些机构的主要负责人表达衷心谢意：新农股份、越人医药、国药致君、同华集团、方太电器、老板电器、富腾军霸铝建材、华龙巨水、明堂红木、制草堂、多富瑞新材料、众益传媒、MX服饰、神通教育、谢场老酒、医博肛肠、大御卿美体、祺源美业、古方纤体、森蜂园、华伦化工、汇成医美教育、名丝美发、攀猩体育、西屋康达、庄禾竹建、福庆家居、领跑者、亚振家居等。

复制销冠
人人都可以成为销售冠军

向全球销售大师尼尔·雷克汉姆、罗伯特·B.米勒、史蒂芬·E.黑曼等先驱者致敬，正是站在巨人的肩膀上，才让我看得更远。

感谢策划机构北京盛世卓杰文化传媒有限公司总经理王景先生、策划总监史守贝老师，以及本书出版各个环节的老师们，还有很多合作渠道商，感谢大家为本书做出的贡献。

最后，也在此特别感谢我的先生张全老师，他也是我并肩作战的战友，十八年如一日用专业引领与深沉爱意为我筑起追梦的港湾。感恩我的父母、公婆，以及所有的亲朋好友用爱与包容支持我前行，还有我生命中的礼物嘉嘉宝贝——她是我生命中最甜蜜的动力。

谨以此书献给所有怀揣销售梦想的奋斗者：愿您在这里找到业绩倍增的密钥，实现"五子登科"的人生进阶。更期盼能助力企业家批量复制销冠，共筑业绩倍增的商业传奇，本书观点和实践方法仅代表个人的拙见，如有不足，请各位书友、老师指正。

感恩生命中的每一次相遇，是您让这本书有了温度和力量。

钟 华

2025.5.20 于上海西云楼